Changez !

Et devenez la personne que vous devriez être

Catalogage avant publication de Bibliothèque et Archives Canada

Cameron, Milton

Changez !

2e édition

(Collection Psychologie)
Publ. antérieurement sous le titre : Changez ! et devenez la personne que vous devriez être.

ISBN 2-7640-1010-9

1. Changement (Psychologie). 2. Maîtrise de soi. 3. Réalisation de soi. I. Titre. II. Titre : Changez ! et devenez la personne que vous devriez être. III. Collection : Collection Psychologie (Éditions Quebecor).

BF637.C4C35 2005 155.2'4 C2005-940782-4

LES ÉDITIONS QUEBECOR
Une division de Éditions Quebecor Média inc.
7, chemin Bates
Outremont (Québec)
H2V 4V7
Tél. : (514) 270-1746
www.quebecoreditions.com

Éditeur : Jacques Simard
Conception de la couverture : Bernard Langlois
Illustration de la couverture : James Endicott / Images.com / Corbis

Nous reconnaissons l'aide financière du gouvernement du Canada par l'entremise du Programme d'Aide au Développement de l'Industrie de l'Édition pour nos activités d'édition.

Gouvernement du Québec – Programme de crédit d'impôt pour l'édition de livres – Gestion SODEC.

Imprimé au Canada

Changez !

Et devenez la personne que vous devriez être

MILTON
CAMERON

LES ÉDITIONS
Quebecor
QUEBECOR MEDIA

INTRODUCTION

À regarder vivre les gens* autour de moi, j'ai souvent l'impression qu'ils se complaisent à véhiculer cet énoncé: «Pourquoi faire simple quand on peut faire compliqué?» Parce que, peu importe ce que l'on croit, la vie est simple, douce, bonne et belle aussi. Mais, pour cela, il faut savoir la regarder de la bonne façon.

J'ai écrit ce livre avec l'intention de vous faire partager mon vécu, mes expériences et, d'une certaine manière, mon évolution.

Je vous invite au... voyage!

Pas besoin d'agent ni d'argent pour ce merveilleux voyage que je vous propose; pour tout bagage, vous n'aurez besoin que:

- de la volonté de monter à bord, de vous engager, de choisir de vous aventurer dans un univers plus ou moins connu de vous, celui de la liberté d'être;

* La forme masculine a été utilisée dans le seul but d'alléger le texte.

- du désir profond de chasser vos tracasseries afin de devenir enfin la personne que vous devez être;
- de la persévérance d'aller jusqu'au bout du voyage, malgré les nombreux changements, semblables à des escales, que vous serez amené à faire et à consentir, en sachant, même si cela est parfois douloureux, qu'ils sont nécessaires et générateurs d'amélioration et de progrès;
- de la foi, cette certitude viscérale d'y arriver.

Une personne est libre à partir du moment où elle ne laisse, à rien ni à personne, le droit de contrer ou de contester son droit d'être ce qu'elle sait (ou sent) qu'elle doit être.

Chapitre 1

LE BIEN, LE BON ET LE MAL

Dans ce chapitre, il sera question du bien-être et du bonheur, du mal-être et du malheur, en tentant de vous les définir avec le plus de précision possible.

Comme les émotions et les états d'âme s'accommodent plutôt mal des subtilités du langage et que les mots n'ont pas nécessairement, dans la vie courante, la même signification pour tout un chacun, il m'apparaissait essentiel de vous en donner la définition en rapport avec leur emploi dans cet ouvrage.

QU'EST-CE QUE LE BIEN-ÊTRE?

Le bien-être, nous dit le dictionnaire *Petit Robert,* est une «sensation agréable procurée par la satisfaction de besoins physiques, l'absence de tensions psychologiques».

Vivre une sensation de bien-être, c'est en quelque sorte savourer, goûter pleinement, sans aucune connotation négative, un plaisir causé par la satisfaction d'un ou de plusieurs de nos sens.

Éprouver du bien-être, c'est ressentir une émotion, une perception comme étant un état délicieux ou enivrant, dont l'intensité varie du simple mais total contentement à l'euphorie la plus extatique.

Par conséquent, le bien-être s'obtient par la satisfaction d'un *besoin* ou la dissipation d'un déplaisir, et il importe dès maintenant que vous compreniez qu'il comporte, dans ses effets, un aspect strictement biologique/physique. Au fil des pages, j'utiliserai tantôt le mot bien-être, tantôt le mot plaisir pour désigner l'état engendré par la satisfaction d'un désir ou d'un besoin physique. Il est entendu que ce désir ou besoin peut, par ailleurs, avoir ses racines dans un malaise psychologique.

Il est peut-être possible que ces explications vous paraissent confuses, mais ne vous y arrêtez pas pour le moment. Poursuivez votre lecture et, peu à peu, la lumière se fera. Non seulement vous comprendrez, mais vous ressentirez aussi ces distinctions qui, pour l'instant, vous paraissent vraisemblablement aussi indéchiffrables qu'un texte écrit en chinois ou en latin. C'est d'ailleurs à cette fin que les exemples sont là pour illustrer mes propos.

1er exemple

• Besoin/déplaisir

J'ai faim.

• Sensations/sentiments désagréables causés par le besoin/déplaisir

Mon estomac émet des borborygmes tonitruants; il est vide, douloureusement tiraillé. Je me sens agressif et de mauvaise humeur.

• **Action**

Je mange et, ce faisant, les crampes et les tiraillements cessent. Ma bonne humeur revient en même temps que disparaît mon irascibilité.

• **Réaction**

Au fur et à mesure que je me nourris, j'éprouve un bien-être grandissant jusqu'à la satisfaction de mon besoin, c'est-à-dire jusqu'à plus faim. Si j'ai dû me contenter, pour arriver à me rassasier, de quelques coupe-faim vitement expédiés, je ressentirai un simple bien-être. Si, par contre, j'ai pu m'offrir la nourriture que je préfère, mon mets favori, alors l'intensité de mon bien-être en sera proportionnellement accrue. Cependant, d'une manière ou d'une autre, je serai arrivé à combler mon besoin vital et j'éprouverai donc une des multiples formes du plaisir qui engendrera, à son tour, une sensation de bien-être.

2e exemple

• **Besoin/déplaisir**

Lundi matin. J'arrive au bureau, je m'installe et je constate que j'ai du travail en retard, des appels téléphoniques à faire, des lettres à écrire.

• Sensations/sentiments désagréables causés par le besoin/déplaisir

Je suis découragé. Ma tension artérielle monte autant que le niveau de mon stress. J'ai tendance à m'agiter et à déplacer de l'air inutilement, à tel point que je ne sais plus où donner de la tête.

• Action

J'établis une liste de tout ce qu'il y a à faire, en ordre prioritaire, et je m'attelle à la tâche avec entrain et discipline.

• Réaction

Au fur et à mesure que les tâches à accomplir diminuent, je me sens de mieux en mieux. J'éprouve la satisfaction du travail accompli et, certes, une certaine fatigue, mais par-dessus tout, une sensation de bien-être qui croît au même rythme que décroît l'amoncellement de travail.

3e exemple

• Besoin/déplaisir

Ma libido se manifeste; j'ai envie de faire l'amour.

• Sensations/sentiments désagréables causés par le besoin/déplaisir

J'ai besoin de tendresse, d'affection, de caresses. Les impératifs de mes sens inassouvis ne me laissent aucun répit. Je me sens comme en état d'urgence.

• **Action**

Je fais part de mon désir à mon partenaire ou je prends les moyens à ma disposition pour mettre fin à mon impérieux désir.

• **Réaction**

Dès que mes sens sont assouvis, je ressens du bien-être. Je peux alors reprendre mes activités quotidiennes en n'étant plus torturé par mon besoin.

L'équation du bien-être pourrait être la suivante:

Satisfaction d'un besoin physique	+	Plaisir ressenti (au sens le plus large du terme)	=	BIEN-ÊTRE

QU'EST-CE QUE LE MAL-ÊTRE?

Le mal-être est l'antithèse du bien-être. Il est provoqué par le mépris accordé à une tension psychologique (mépris qui cause le mal-être physique) ou par la non-satisfaction d'un besoin physique.

Cette non-satisfaction entraîne à son tour non seulement des sensations et des sentiments désagréables, mais elle occasionne en outre, quand elle est constante et (quasi) permanente, une très grande frustration.

Cette frustration, qu'elle soit liée au domaine professionnel, familial, sexuel ou autre, à un seul domaine de la vie ou à plusieurs, va cependant se manifester, plus ou moins impérieusement, dans tous les secteurs d'activité de l'individu en cause.

1er exemple

• Frustration

Chaque jour de la semaine, Roger, cadre dans une grande entreprise, marié, père de deux adolescents, se rend à son travail à reculons. Il déteste cette carrière qu'il a embrassée à l'époque où on mesurait la valeur d'un individu à sa réussite matérielle.

• Sensations/sentiments désagréables causés par la frustration

Roger vit des tensions internes importantes et, en outre, il a fréquemment mal au dos, a les yeux cernés, pochés; il éprouve des difficultés au niveau du système digestif; il ressent l'impression constante d'être au bout du rouleau et, autour de lui, on lui reproche de n'avoir plus du tout le sens de l'humour.

• Inaction qui maintient le mal-être

Roger sait plus ou moins consciemment que tant qu'il n'effectuera pas de changements dans sa vie professionnelle, son mal-être subsistera.

• Conséquence/conclusion

Bien que la frustration de Roger provienne de sa vie professionnelle, tous les membres de son entourage, social, familial, conjugal, en subissent les conséquences. Sa mauvaise humeur, sa manière de chercher toujours la «petite bête noire», sa tendance à s'abêtir dans l'alcool la fin de semaine, son désintéressement devant les besoins et les désirs de son épouse et de ses enfants, le je-m'en-foutisme qu'il affiche face à ses amis sont autant de comportements qui risquent de lui faire perdre tout ce qu'il a mis tant de temps à gagner. Roger vit dans un perpétuel état de mal-être parce qu'il méprise la *cause* de sa tension psychologique en continuant d'accomplir un travail qu'il déteste.

2e exemple

• Frustration

Catherine est mariée depuis une douzaine d'années. Elle possède, avec son mari, une superbe maison avec baignoire à remous, garage double et piscine creusée, et elle travaille dans un domaine qu'elle aime vraiment. Sa frustration vient de ce qu'entre son conjoint et elle, il n'existe plus aucun désir sexuel.

• Sensations/sentiments désagréables causés par la frustration

Catherine, qui se voit vieillir, constate que sur le plan affectif, elle est en train de perdre certaines belles années de sa vie. Cependant, rationnellement, elle se dit qu'elle serait bien mal venue de se plaindre, puisqu'elle possède tout ce qu'elle a toujours désiré. Elle a atteint une belle réussite professionnelle, son succès matériel est évident et, grâce aux revenus combinés des deux époux, elle bénéficie d'une sécurité financière enviable.

• Inaction qui maintient le mal-être

Catherine ressent de plus en plus souvent les affres d'une libido non assouvie et, conséquemment à la non-satisfaction de ses besoins affectifs (et non seulement sexuels), un mal-être persistant. Son regard se pose fréquemment, avec tendresse, convoitise ou amour sur les hommes qui cheminent sur les mêmes routes qu'elle, mais elle résiste.

• Conséquence/conclusion

Catherine est frustrée dans son besoin vital d'aimer et d'être aimée. Elle devient impatiente avec son conjoint, acariâtre avec ses collègues et, de façon générale, son amertume augmente chaque jour un peu plus et se manifeste dans tous les secteurs de sa vie. Catherine vit dans un perpétuel état de mal-être parce que, pour préserver sa soi-disant sécurité, elle nie de toutes ses forces son besoin essentiel d'avoir une vie amoureuse et sexuelle épanouie.

3e exemple

• Frustration

Maurice et Geneviève sont mariés depuis huit ans et sont les heureux parents de deux adorables enfants. Ils s'aiment comme au premier jour, mais les contraintes inhérentes au statut de parents ont rendu leur vie amoureuse plutôt terne. Ils ne sortent plus, n'ont plus aucune vie sociale et ne pratiquent plus aucune forme d'activité en duo. Toute leur énergie et les petits surplus financiers qu'ils consacraient auparavant à leur bien-être mutuel sont désormais attribués aux enfants. Leur vie intime n'est plus qu'un souvenir et Maurice, négligé par son épouse adorée, envisage depuis quelque temps de prendre une maîtresse pour combler ses besoins. Geneviève, quant à elle, fatiguée de son rôle de mère/épouse/femme de carrière, ne va plus jamais se coucher sans avoir avalé un ou deux cachets de somnifère.

- **Sensations/sentiments désagréables causés par la frustration**

Plutôt que d'en discuter, et dans le but généralement inavoué de préserver une fallacieuse harmonie familiale, chacun des conjoints garde pour soi son insatisfaction, laissant s'accroître, jour après jour, la pile des griefs réciproques. Ainsi, Maurice se conforte dans sa décision de prendre une maîtresse et Geneviève gobe ses somnifères à la manière d'un zombie. La tension monte, l'anxiété s'installe en même temps que l'impatience envers les enfants. Chacun des partenaires vit sur la défensive, se sent esclave d'activités professionnelles ou de tâches ménagères à accomplir. Les maux physiques se multiplient et, de part et d'autre, le désespoir s'installe.

- **Inaction qui maintient le mal-être**

Maurice et Geneviève savent qu'une bonne et franche discussion s'impose, mais ils la diffèrent sans cesse parce qu'ils sont fatigués. Puis, peu à peu, le désintéressement, de l'autre et de tout, et l'apitoiement sur soi prennent le dessus, et le silence s'établit pour de bon.

- **Conséquence/conclusion**

Maurice prend une maîtresse puis une autre, comble ses besoins physiques comme il le peut, éternellement insatisfait et frustré, puisque son cœur et son amour appartiennent à sa femme. Geneviève sombre dans une forme de toxicomanie, incapable de voir la lumière au bout de ce tunnel sombre qu'est devenue sa vie. Maurice et Geneviève vivent dans un perpétuel état de mal-être attribuable à leur incapacité de communiquer, elle-même causée par leur peur respective de perdre l'autre, ce qui est pourtant en train de se produire.

Les exemples précédents ne sont que trois situations possibles parmi d'autres, car il y a autant de causes de mal-être qu'il y a d'individus. Tout est relatif. Les causes d'angoisse, d'anxiété, de stress et, de façon générale, de toute situation déplaisante sont innombrables, et ce qui entraîne le déplaisir chez l'un n'aura pas automatiquement le même effet chez l'autre. Cependant, si les causes de mal-être varient d'un individu à l'autre, on peut très certainement affirmer sans se tromper qu'il provoque au bout du compte les mêmes effets pernicieux chez tous.

QU'EST-CE QUE LE BONHEUR?

Les dictionnaires définissent habituellement le bonheur comme étant «l'état de la *conscience* (et non pas celui du corps) pleinement satisfaite».

Pour devenir la personne qu'on devrait être et, par conséquent, devenir parfaitement heureux, il est essentiel de savoir faire la distinction entre le bien-être et le bonheur. Dès que vous aurez pleinement assimilé cette distinction, vous comprendrez que si le bien-être n'engendre pas nécessairement le bonheur, le contraire est cependant vrai. L'état de bonheur entraîne systématiquement le bien-être, le plaisir et la satisfaction des besoins et des désirs, toutes catégories confondues.

Le bonheur, c'est-à-dire le pouvoir d'être heureux, se trouve à l'intérieur de chacun de nous. Pour une personne qui a développé l'habitude du bonheur, ce ne sont plus les gens, les choses ni même les événements qui déterminent ses actions/réactions, mais plutôt sa façon personnelle d'y faire face, de les aborder, de les négocier et de les régler.

L'itinéraire que je vous propose pour accéder à l'état de bonheur n'est pas complexe, mais la route est d'une certaine manière un peu plus étroite que celle qui mène au simple plaisir, en ce sens que la traversée nécessite des efforts.

Se payer des plaisirs est à la portée de tous, tandis que s'offrir le bonheur exige une excellente connaissance de soi (donc des prises de conscience régulières, assorties de réflexions importantes) et... du temps pour ces réflexions, ce en quoi trop de gens refusent d'investir. Pourtant, le temps investi dans le but de mieux se connaître soi-même, de prendre conscience de ses dysfonctions, de percevoir ses défauts, de comprendre ses manières de réagir et de définir celles qu'il faut entretenir et celles qu'il faut corriger constitue sans aucun doute possible le plus véritable, le plus merveilleux et le plus lucratif placement qu'une personne puisse faire en son nom.

Le bonheur, c'est s'accepter soi-même et accepter de faire les gestes qui visent une amélioration de soi, *pour* soi; c'est l'accession à la sérénité, à la quiétude, à la paix du corps, de l'esprit et de l'âme; c'est l'état engendré par l'expression de son individualité, de sa personnalité, de ses besoins et de ses désirs et les actions posées dans le but de *se* réaliser et de les réaliser.

La voie empruntée par le bonheur, pour circuler avec aisance et permanence, est à sens unique: le bonheur se meut de l'intérieur vers l'extérieur, jamais le contraire.

Exemple

• Mise en situation

Monique, âgée de 35 ans, a toujours rêvé d'être secrétaire juridique, mais elle a dû abandonner ses études avant la fin pour aider son père, veuf, à subvenir aux besoins des quatre autres enfants de la famille. Depuis trois ans, et après avoir exercé plusieurs métiers, Monique est vendeuse dans un grand magasin de vêtements pour dame.

Elle n'aime pas davantage cet emploi, pas plus qu'elle n'a aimé, précédemment, celui d'animatrice de foule, de serveuse de bar, d'aide-cuisinière dans les restaurants, etc. Elle supporte tant bien que mal la monotonie de son quotidien en rêvant à ce qu'aurait pu être sa vie dans un cabinet d'avocats.

Il y a quelques mois, les vendeuses du magasin où elle travaille ont été invitées à poser leur candidature pour le poste de gérante qui serait vacant sous peu. Comme les autres, Monique a rempli sa fiche pour le poste et, en réalité, elle souhaite vraiment l'obtenir, car il signifie une appréciable augmentation de salaire accolée à un titre plus enviable que celui de simple vendeuse. En attendant que soit divulguée la décision de ses supérieurs, Monique se réjouit par anticipation. Elle fait des projets, sourit plus que de coutume et se dit que si elle obtient la promotion, les choses vont changer, puisque ses revenus accrus, associés à ceux de son mari, leur permettront de louer une maison plus grande, de gâter un peu plus les enfants, de changer de voiture, bref, d'être plus heureux.

Moins d'une semaine plus tard, Monique a obtenu le poste tant convoité. Le couple a déménagé, a acheté un ordinateur pour les enfants et a changé de voiture après avoir dignement célébré l'événement avec du champagne. La petite famille était pleinement heureuse et nageait dans ce qui lui apparaissait comme étant le bonheur total.

Au début, Monique était ravie de son nouveau rôle et son enthousiasme au travail ravissait en même temps ses patrons. Elle apportait sa joie et son contentement chez elle, et la bonne humeur était au rendez-vous.

Puis, les comptes se sont mis à arriver. Le loyer de la nouvelle maison et les mensualités de l'ordinateur et de la voiture neuve ne laissaient pas plus de marge de manœuvre financière qu'avant la promotion et, sur le plan professionnel, le bien-être ressenti après avoir obtenu le nouveau poste s'est estompé progressivement pour finalement céder la place à l'ennui et à l'insatisfaction de naguère. Derrière son comptoir de gérante, Monique s'est remise à rêver de ce qu'aurait pu être sa vie dans un cabinet d'avocats.

- **Analyse**

- Une insatisfaction chronique refoulée: les regrets de Monique quant à sa vie professionnelle.
- Un déplaisir actuel et avoué: un manque d'argent pour s'offrir un peu plus de luxe.
- Une quête: le bonheur.
- Un plaisir: la promotion.
- Un effet direct: l'augmentation des revenus.
- Des actions/réactions: 1. des dépenses qui constituent une sorte de compensation à une insatisfaction beaucoup plus profondément ancrée dans l'âme de Monique que celle du manque d'argent; 2. du plaisir associé à l'acquisition de biens matériels.
- La suite: le ternissement graduel du bien-être et le retour à l'insatisfaction qui sera incontestablement suivie de la recherche d'une autre source de satisfaction extérieure, de la recherche d'autres plaisirs.

Ce que Monique a fait en posant sa candidature au poste de gérante, c'est comme apposer un diachylon sur une plaie infectée. À un moment, la plaie deviendra plus douloureuse, plus grande, plus profonde, et l'état du blessé de plus en plus critique. Le diachylon, usé, ne sera plus d'aucun secours. Il y aura peut-être encore la possibilité de changer le diachylon pour un neuf, mais celui-ci durera lui aussi un certain temps. Un jour, faute de soins, la gangrène s'installera dans le membre blessé et il lui faudra bien envisager de choisir entre se soigner ou mourir.

Il faut toujours – bien entendu, tout le monde le sait – se préoccuper d'abord de soigner et de désinfecter la blessure avant de la panser. Mais pourquoi cela est-il si clair quand on parle de blessures physiques et que cela l'est si peu lorsqu'il s'agit des blessures de l'âme? Parce que les blessures de l'âme demandent l'intervention et, surtout, l'implication de la personne blessée pour guérir – donc un investissement de soi, de l'effort, de la foi et de la persévérance –, tandis que pour les blessures physiques, il ne suffit que de médicaments, de pilules, d'onguents ou d'injections – donc une somme déterminée d'argent.

En obtenant une promotion, Monique a réellement cru que les membres de sa famille seraient désormais heureux. Et, effectivement, ils l'ont été pour un temps. Malheureusement, ce type de bonheur ne dure pas, car il ne s'agit que d'un camouflage.

Le pseudo-bonheur de Monique s'est profilé à l'horizon sous forme de promotion et elle était convaincue que celle-ci ferait disparaître une fois pour toutes son malaise constant, son amertume et ses regrets de ne pas faire ce dont elle a toujours rêvé. Mais je pourrais vous raconter des centaines et des centaines de cas où les individus croient dur comme fer que leur bonheur dépend d'autres types de diachylons.

Pour être en accord total avec elle-même, Monique doit réaliser ce rêve qui ne la quitte jamais, c'est-à-dire prendre les moyens nécessaires pour devenir secrétaire juridique. Elle doit retourner sur les bancs d'école, aller chercher les compétences nécessaires, puis foncer, faire des appels téléphoniques, offrir ses services, obtenir des rendez-vous et se vendre. Puisqu'elle n'a aucune expérience dans ce domaine, elle devra utiliser toutes les ressources dont elle dispose, c'est-à-dire son expérience de vendeuse et de gérante avec tout ce que cela exige de ponctualité, d'entregent, de belle personnalité, de talent pour la vente, etc., mais aussi ses expériences antérieures et, pourquoi pas, son expérience de mère, sa capacité à faire plus d'une chose à la fois, sa discipline, son sens des responsabilités. Surtout, elle devra faire part à ses éventuels employeurs de cette grande passion qui l'habite, de ce grand rêve qu'elle caresse depuis toujours.

Si Monique fait tout cela avec foi et persévérance, si elle est prête à faire les efforts exigés, si elle est déterminée à imposer sa décision aux membres de sa famille, au risque que chacun doive se serrer la ceinture pour quelque temps, alors il se trouvera très certainement quelqu'un sur son chemin pour lui donner sa chance.

Mais si Monique se laisse prendre au piège des excuses telles que «Je suis trop vieille pour retourner à l'école», «Je n'ai pas le temps», «D'autres sont beaucoup plus compétentes que moi», eh bien, elle traînera jusqu'à la fin de ses jours sa profonde frustration et ses regrets! Bien sûr, sa vie professionnelle ne sera pas complètement terne et moche; elle connaîtra certes des satisfactions qui lui procureront des plaisirs, mais ceux-ci seront toujours éphémères, car ils ne satisferont jamais son impérieux désir, son grand rêve.

En outre, le danger d'une telle insatisfaction, c'est que la frustration qu'elle engendre finira par agir sur les autres secteurs de sa vie. L'amertume et la résignation s'installeront et, avec elles, les malaises physiques divers et, souvent, la maladie.

Monique vieillira en étant convaincue qu'elle a relégué son rêve aux oubliettes pour ne pas priver sa famille d'un revenu supplémentaire, alors qu'elle aura fait bien pire: elle l'aura privée d'une mère et d'une épouse heureuse, souriante et épanouie qui fait ce qu'elle aime.

Les faux chemins du bonheur

Je serais heureux ou libre SI...

- j'avais un partenaire amoureux.
- je n'étais pas en couple.
- j'étais en meilleure santé.
- j'avais une voiture.
- j'habitais à la ville.

- j'habitais à la campagne.
- j'avais des enfants.
- je n'avais pas d'enfants.
- les membres de mon entourage m'encourageaient.
- je n'étais pas si sollicité par tout le monde.
- mes enfants me donnaient un coup de main.
- j'étais allé à l'école plus longtemps.
- j'étais plus beau ou moins gras.
- je ne bégayais pas.
- j'avais davantage d'amis.
- je savais m'exprimer avec aisance.

et quoi d'autre!

Toutes ces affirmations sont en réalité des excuses que les gens invoquent pour se donner bonne conscience de ne pas se prendre en main. Alors, pour se débarrasser de ce sentiment de frustration qui les habite en permanence, pour se donner quand même l'illusion d'être heureux, pour réduire à néant leurs rêves, leurs véritables besoins et désirs, ils s'évadent dans des paradis artificiels qui leur procurent des sensations de bien-être et des plaisirs de tous genres. Le plus triste, c'est que ces gens ne comprennent en général que très tard dans leur vie que ces plaisirs ne sont que des contentements et des bienfaits illusoires et fugaces. Parfois même, ils ne le comprennent que lorsqu'ils sont à l'article de la mort et qu'ils donnent à ceux qui les accompagnent dans leur dernier voyage des recommandations à l'effet de profiter pleinement de la vie et de faire ce dont ils ont envie.

Le bien-être et le bonheur procurent essentiellement (bien que pas absolument) les mêmes effets bienfaisants, à la différence que les effets du bien-être ne durent que le temps de satisfaire le besoin/désir à combler, et que les effets du bonheur, le vrai, celui qui est véritablement assimilé, durent tant et aussi longtemps qu'il est cultivé et nourri en soi.

QU'EST-CE QUE LE MALHEUR?

Selon le *Petit Robert*, le malheur est un «événement qui affecte (ou semble de nature à affecter) péniblement, cruellement»; synonymes: accident, catastrophe, calamité, deuil, échec, épreuve, fléau, infortune, perte, revers, ruine.

La très grande majorité des conséquences que les malheurs ont sur les individus pourraient être évitées si ces derniers acceptaient de réviser leurs manières de réagir aux événements, leurs façons de négocier avec la vie. Pour devenir la personne que vous devriez être, il faut que vous appreniez à faire en sorte que les malheurs, ces incidents de parcours, ces tristes événements, n'aient plus aucune emprise négative sur vous. Et si cet ouvrage avait pour résultat de vous aider à y parvenir, j'aurais alors atteint mon but.

Les chapitres suivants vous apprendront comment agir et réagir devant certaines circonstances et vous informeront sur les comportements que vous devez privilégier et ceux que vous devez proscrire.

Chapitre 2

CE QU'IL FAUT VISER

Devenir maître de votre destinée signifie être la seule personne à tirer les ficelles de votre vie, à décider de ce que vous allez en faire et des moyens que vous allez prendre pour accéder au bonheur.

Loin de moi l'idée de suggérer qu'il faille devenir égoïste, égocentrique et individualiste pour devenir maître de votre existence. Bien au contraire! Comme tout le monde, vous avez besoin des autres pour évoluer, pour progresser et pour vous épanouir. Vous avez besoin des autres, et les autres ont besoin de vous. Bien sûr, vous pouvez choisir de vivre en ermite, loin de tout et de vos semblables; ou encore vivre en solitaire et poursuivre votre petit bonhomme de chemin, mais serez-vous véritablement heureux? Oui, certaines personnes accèdent au bonheur de cette façon, mais elles ne sont pas légion. Le but de ce livre n'est pas de vous apprendre à vivre en vous retirant du monde, mais plutôt d'arriver à devenir, en vivant en société, la personne que vous devriez être en faisant ce pour quoi vous êtes né.

L'humain est essentiellement un être de société, mais il éprouve souvent des difficultés de tous ordres à se mouvoir dans ce monde rempli d'usages, de coutumes, de droits, d'obligations, de devoirs, de responsabilités, de corvées, de paradis artificiels et peuplé d'autres humains qui, comme lui, sont en quête du bonheur. Devenir maître de votre destinée, c'est reprendre, à *votre* compte, le plein contrôle de votre conscience, laquelle devrait manifester pleinement, et avec entière satisfaction, la vie de votre âme et de votre esprit. Mais pour y parvenir, il vous faut d'abord apprendre à ne pas vous laisser mener ou contrôler par vos sens, vos émotions et vos sensations.

Devenir libre, c'est vous libérer des chaînes émotionnelles que tout au long de votre vie vos éducateurs, votre famille, vos enfants, vos parents, vos amis, vos partenaires amoureux, vos patrons et vous-même avez fixées à vos pieds. Ces chaînes vous empêchent d'avancer à votre gré, rendent votre progression difficile quand ce n'est pas carrément impossible. Bref, elles sont autant d'entraves à votre liberté et vous n'avez pas à les supporter.

Devenir un être libre, c'est apprendre à vivre *pour* soi, *avec* les autres, dans le respect de soi et des autres.

DONNER UN SENS À SA VIE

Donner un sens à sa vie, voilà qui est vite dit!

Pour être en mesure de donner un sens à votre vie, vous devez d'abord être pleinement conscient de vous et du fait que vous avez quelque chose d'unique à accomplir.

Chaque être qui habite cette planète est *unique* et le rôle qu'il doit assumer au sein de l'univers l'est tout autant. Si chacun des êtres humains prenait conscience de cette unicité et s'attelait à la tâche, parfois ardue j'en conviens, de découvrir le but ultime de sa vie sur terre, de découvrir sa mission, alors je crois que prendraient fin toutes les luttes de pouvoir et tous les autres fléaux qui affligent le monde.

La nature humaine étant ce qu'elle est, il y aura toujours des conflits et des combats ainsi que des fléaux et des catastrophes provoqués par ceux-là. Comme il semble invraisemblable que chacun de nous puisse enrayer, individuellement, les cataclysmes planétaires, si on commençait par *travailler* chacun pour soi, sur soi?

Réapprenez à être libre non pas en vous détachant et en vous désolidarisant des autres, mais en vous défaisant de vos chaînes et de vos boulets, ceux-là qui altèrent et dénaturent votre conscience. Redécouvrez la véritable signification du mot liberté; refusez à partir de maintenant d'être sous la dépendance de vos sens et de vos émotions, et de vivre constamment en état d'urgence.

Affranchissez-vous du joug du plaisir pour le plaisir et soumettez-vous de plein gré à la loi du bonheur.

DÉCOUVRIR SA MISSION

Découvrir sa mission, c'est trouver une signification à sa vie sur terre et découvrir la véritable personne que nous devrions être.

Qui suis-je? Où vais-je? Qu'est-ce que je veux? Pourquoi est-ce que je suis là? Pourquoi est-ce que je m'acharne, je m'agite, je me tue à l'ouvrage, je me sacrifie pour les autres sans jamais penser à moi? Où tout cela me mène-t-il? À quoi cela sert-il? À quoi bon faire des efforts?

Carl Jung, le célèbre psychanalyste, a écrit: «Parmi tous mes patients, dans la seconde moitié de leur vie, c'est-à-dire de plus de 35 ans, il n'y en a aucun dont le problème n'ait été, en dernier ressort, de trouver une signification religieuse à la vie... Bien entendu, cela n'a rien à voir avec une croyance particulière ou l'appartenance à une Église.»

Pour moi, ces propos évoquent beaucoup plus une démarche individuelle à coloration existentielle, sacrée, spirituelle qu'un aspect strictement religieux dans le sens qu'on lui attribue généralement. Ici, point besoin d'Église, de temple, de prêtre, de ministre du culte, de secte, de gourou, de considérations mystiques et ésotériques.

Pour trouver un sens à votre vie et, conséquemment, découvrir quelle est votre mission, il faut que vous acceptiez d'être pour vous la personne la plus importante du monde. Tel est le premier pas du voyage que vous allez entreprendre.

C'est un comportement tout à fait égoïste, vaniteux et prétentieux, me direz-vous. Comment quelqu'un de sensé peut-il prêcher un tel comportement?

STOP!

Une des croyances les plus profondément enracinées dans l'esprit humain par l'enseignement catholique veut que pour être heureux, il faut vivre dans l'indigence et la pauvreté et pour les autres; qu'il faut donner et donner encore sans jamais prendre; que pour «gagner sa place au ciel», il faut se dévouer, se priver, se sacrifier, renoncer, faire preuve d'abnégation.

STOP!

Je ne vous suggère pas de faire preuve d'un égotisme ou d'un nombrilisme outrancier, c'est-à-dire de cultiver le culte du moi et de ne parler *que* de vous, en faisant des analyses détaillées de votre personnalité, toujours et avec tout le monde. Je ne vous suggère pas davantage de devenir un égocentrique enragé, en ne considérant le monde extérieur qu'en fonction de l'intérêt que vous portez à votre personne. Non! Ce que je dis, c'est que vous devez, pour atteindre le bonheur et le répandre, être à l'écoute de vous, de vos désirs les plus secrets, des rêves que vous avez relégués au grenier des souvenirs parce qu'ils ne correspondaient plus à ce que vous êtes devenu (ou à ce que la vie vous a fait devenir), de vos passions que vous réfrénez parce qu'on a réussi à vous donner la certitude qu'il était trop tard pour les assouvir.

En ce sens, vous devez à tout prix réapprendre à penser à vous, vous réapprivoiser. Vous devez vous atteler, dès maintenant, à la tâche de vous reconnaître puisque si vous ne vivez pas, aujourd'hui, dans un état de bonheur c'est qu'en cours de route, vous vous êtes perdu de vue.

LES 15 POINTS À RETENIR

Une personne qui maîtrise sa destinée, qui est parvenue à se libérer de cette prison dans laquelle vivent les gens qui sont constamment en état d'urgence et en attente, qui a réussi à donner un sens à sa vie en découvrant et, surtout, en *assumant* sa mission est celle qui *est* ce qu'elle devrait être. Cette personne se sert, en toutes circonstances, de son libre arbitre, cette liberté de choix qui est donnée à la naissance à tous les êtres humains.

Voici la description, en 15 points, de la personne qui est devenue celle qu'elle devait être; qui a appris, pour préserver son bonheur, à adopter des comportements adéquats dans des situations épineuses, ennuyeuses, contrariantes, stressantes, angoissantes.

1. Elle est *dégagée* dans ses relations avec les autres, car elle n'attend ni n'exige rien d'eux; elle ne souffre, en fait, d'aucune dépendance au bon vouloir des autres.

2. Elle sait que le bonheur va de l'intérieur vers l'extérieur, et jamais le contraire.

3. Dans chacun des secteurs de sa vie, elle n'a pas peur de s'engager car elle assume, avec détermination, ses choix et ses passions.

4. Elle exprime son essence même, en toute conscience, sans peur, sans agressivité et sans angoisse, car elle sait que c'est l'unique façon d'être heureuse et, par conséquent, de rendre heureux ceux qui l'aiment.

5. Elle n'entretient aucun préjugé ni ne cultive d'idées préconçues, de ceux et de celles qui faussent le jugement, la rationalité et la perception de la vie.

6. Elle ne se complaît jamais dans l'autoapitoiement ni ne joue jamais le rôle de la *victime*.

7. Elle est capable de faire la différence entre les besoins réels et les besoins fictifs, ces derniers étant généralement engendrés par un mal-être profond qui incite à rechercher des plaisirs artificiels et superficiels.

8. Elle respecte son corps en tant que véhicule, en s'alimentant bien et en faisant de l'activité physique.

9. Elle respecte son âme en la nourrissant de spiritualité, car elle sait qu'à lui seul, l'aspect strictement matériel de l'existence ne peut suffire à procurer un bonheur durable.

10. Elle garde son bonheur en bon état, en se soumettant de bonne grâce à des examens de conscience assidus.

11. Elle respecte les autres, leurs choix, leurs besoins et leur liberté, de la même façon qu'elle respecte et fait respecter les siens.

12. Elle sait vivre avec les autres, sans pour autant jamais se contraindre à ne vivre que pour et par les autres.

13. Elle sait que le corps est un véhicule qui s'exprime par la maladie dès que, sur le plan psychique, un rouage est enrayé et elle est suffisamment honnête avec elle-même pour rechercher les véritables causes de ses affections et malaises divers.

14. Elle exhale dans son sillage un parfum de sérénité; elle exprime et manifeste une foi inébranlable et

un équilibre solide; elle est disponible sans jamais être soumise; elle est de la race des dominants, non pas de ceux qui ont besoin de dominer les autres pour se valoriser, mais bien de ceux qui savent se dominer eux-mêmes.

15. Elle sait que le bonheur est un état *conscient* qui, pour se maintenir, doit être cultivé, entretenu et nourri sans relâche, jour après jour.

Se voir, se comprendre et s'accepter tel que l'on est et savoir tirer le meilleur parti qui soit de ce que la vie nous a donné en héritage, en partageant avec autrui les fruits de ses talents, de ses dons, de ses compétences tout en remplissant ce qui nous apparaît être notre mission, voilà la seule façon d'accéder à un bonheur durable.

Chapitre 3

LES SYMPTÔMES, LES CAUSES ET LES EFFETS DU MAL-ÊTRE

Vous trouverez ci-dessous une liste non exhaustive des symptômes de mal-être les plus répandus chez les personnes souffrant de dépression ou d'une dysfonction comme un sentiment aigu et tenace (voire chronique) de culpabilité, d'incompétence ou d'impuissance, ou encore chez celles vivant en permanence en état d'urgence. Les mêmes symptômes se manifestent chez les gens en *burnout* et, de façon générale, à un moment ou à un autre, dans un secteur ou dans un autre, chez toutes les personnes qui flottent sur les eaux du plaisir, plutôt que de chercher à naviguer sur l'océan du bonheur.

Selon l'intensité du malaise ou de la maladie dont souffre la personne qui en est affligée, ces symptômes seront plus ou moins importants, plus ou moins nombreux, plus ou moins aigus.

- Tension nerveuse;
- Nervosité;
- Tristesse et mélancolie;
- Irritabilité;

- Agitation ou apathie et morosité s'apparentant à la neurasthénie;
- Grande fatigabilité;
- Insuffisance (jusqu'à l'absence totale) d'énergie;
- Diminution de la résistance physique;
- Épuisement, surmenage; nette impression d'être arrivé au bout du rouleau;
- Fluctuations importantes de l'humeur;
- Troubles du sommeil: insomnie tenace, sommeil constamment interrompu ou peuplé de cauchemars ou encore, dans les cas de dépression, d'hypersomnie, c'est-à-dire des besoins excessifs de dormir;
- Difficulté/incapacité à se concentrer, à mémoriser, à réfléchir;
- Incapacité à rationaliser et à relativiser l'ampleur d'un problème ou d'un événement;
- Sensation aiguë d'échec;
- Sentiments d'impuissance devant les événements; impression d'être constamment dépassé par ceux-ci, de n'être pas capable d'y faire face;
- Indignité et honte le plus souvent injustifiées;
- Ineffable sentiment de culpabilité (on s'accuse de tout ce qui ne va pas ou va de travers);
- Doutes constants quant à soi, à ses capacités, à ses compétences, à sa valeur;
- Sentiment d'être inefficace et improductif (qui entraîne la perte de toute estime de soi et de confiance en soi);

- Perte du sens de l'humour et du simple goût de rire ou de sourire;
- Éclipse, partielle ou totale, de la libido;
- Perte d'intérêt et de plaisir à faire toutes les choses et toutes les activités, même celles qui, naguère, procuraient de grandes satisfactions;
- Perte, plus ou moins totale, de motivation dans tous les secteurs de la vie;
- Élimination progressive des loisirs et des sorties en société;
- Nette tendance à l'isolement et au repli sur soi en même temps qu'une tendance à dire et à croire que ce sont les autres qui vous mettent à l'écart, qui ne vous comprennent pas;
- Négligence croissante de soi, de son corps, de son allure, de son apparence;
- Pessimisme persistant;
- Accès de panique, d'angoisse, d'anxiété;
- Palpitations cardiaques;
- Tremblements soudains;
- Sudation excessive;
- Sensation d'avoir un nœud dans l'estomac ou une boule dans la gorge;
- Envies irrépressibles et fréquentes de pleurer;
- Sentiment de peur presque chronique;
- Indifférence à tout: aux gens, aux choses, aux événements;
- Perte (ou accroissement) de l'appétit;

- Perte (ou gain) de poids;
- Divers problèmes de santé, notamment des troubles au niveau des systèmes digestif et respiratoire, de la tension musculaire, des maux de dos et de tête, des troubles menstruels, des allergies, des problèmes de peau (eczéma ou urticaire), etc.

En outre:

- la moindre tâche paraît une montagne, car la capacité d'action est émoussée;
- la personne affligée a des comportements d'autodévalorisation, d'autodénigrement, et entretient des pensées autodestructrices,
- les relations avec l'entourage vont de difficiles à carrément impossibles.

Et, dans les cas plus graves encore:

- des comportements obsessionnels et même morbides;
- des idées suicidaires attribuables à un sentiment d'extrême inutilité et à la perte du goût de vivre. Les sentiments et les sensations éprouvés sont tellement négatifs et destructeurs que la mort semble souvent la seule solution.

Oui, les tourments éprouvés par les gens souffrant du mal-être sont à la fois d'ordre psychique et physique. Si vous vous êtes reconnu dans les symptômes mentionnés précédemment, il est impératif que vous fassiez un geste. Comme il m'est impossible d'offrir à chacun un diagnostic précis, il vous appartient maintenant de découvrir ce que *vous* devez changer pour être bien dans votre peau, pour retrouver votre estime personnelle, votre confiance en vous et, aussi, le goût de vivre et de lutter pour un quotidien meilleur.

La quête du bonheur n'est pas impossible. Dès que vous l'aurez entreprise, vous rencontrerez, sur votre chemin, des centaines de personnes qui vous encourageront. En changeant votre perception des choses, vous changerez en même temps les vibrations que vous émettez. Ces nouvelles vibrations attireront à vous des personnes qui, autrement, ne vous auraient même pas accordé un regard. En changeant votre perception des choses, vous vous mettez sur la même longueur d'onde que ceux qui font les mêmes efforts que vous et qui sont parvenus à passer au travers, au diapason de ceux et de celles qui ont vaincu à jamais le malheur!

LE PIÈGE DE L'IMPUISSANCE

Qu'est-ce qui fait qu'une personne est incapable d'être ce qu'elle aurait vraiment envie d'être?

Est-ce son mal-être général qui l'empêche d'obtenir ce dont elle a envie ou de faire ce qu'elle aimerait faire? Ou est-ce le contraire?

Quand on parle de sentiments et d'émotions mal gérés, et qui entraînent des réactions négatives et du déplaisir, il est rarement facile de distinguer la cause de l'effet.

Exemple

Lise et Joël ont planifié une soirée en tête-à-tête. Pour Lise, c'est une grande première, elle est fébrile et impatiente.

Tout est prêt: la table, la musique, les bougies, le vin... Cinquante minutes avant l'heure prévue pour le rendez-vous, Joël téléphone pour aviser Lise que, à la suite d'un événement fâcheux et hors de son contrôle, il est dans l'obligation d'annuler leur soirée. Il lui promet que ce n'est que partie remise, qu'il est désolé, qu'ils se reverront bientôt, etc.

Après avoir raccroché l'appareil:

1. Lise éclate en sanglots. C'est la réaction normale et spontanée chez les sujets plus sensibles, à la suite d'une grande déception.

2. Lise a la même réaction que précédemment, sauf que la crise dure plus longtemps. Plutôt que de reprendre le contrôle, elle se complaît dans la triste idée (l'état de relâchement du système nerveux s'y prêtant) que Joël l'a abandonnée et qu'il est sans doute avec une autre et qu'il doit bien rire.

3. Lise ne pleure pas. Son visage se ferme, ses mâchoires se crispent, et elle s'attelle aussitôt à la tâche de tout ranger. Puis, elle prend un livre, allume la télé, ou encore va au cinéma ou dans un bar. Bref, elle bouge.

Interprétation

Dans le premier cas, nous pouvons parler de *normalité,* puisque l'organisme de Lise, tendu et fébrile dans l'attente, a reçu une secousse qui est venue fracasser ses espérances. Vous avez certainement déjà vécu pareille situation. La déception associée à un système nerveux en état de tension (avec ce que cela implique de surcharge hormonale) peut occasionner, dès que les nerfs se détendent, une réaction que l'on pourrait qualifier à la limite d'organique. Si Joël était venu, l'organisme de Lise se serait pareillement détendu à son arrivée (ou peu après), mais cette détente aurait sans doute pris un autre chemin que les larmes (des éclats de rire plus probablement, ou un débit de paroles accéléré) pour se manifester.

Par conséquent, dès que vous comprenez ce type de chimie du corps et du cerveau, vous devez permettre à votre corps de se libérer (notamment par les larmes) de sa tension excessive. Mais ce genre de crise de larmes ne dure généralement que quelques minutes, le temps de comprendre (et d'accepter) qu'il existe des circonstances dans la vie qui sont hors de votre contrôle, en l'occurrence l'événement fâcheux qui a entraîné l'annulation de la soirée. La personne qui est celle qu'elle devrait être pleure elle aussi à l'occasion. Mais, comme dans l'exemple précédent, sitôt le corps détendu, elle est de nouveau en état de poursuivre ses activités et de réorganiser rapidement son emploi du temps.

Dans le deuxième cas, les larmes libératrices de tension induisent un sorte d'état d'autoapitoiement; la raison cède le pas à l'imagination, cette folle du logis qui met tout en place pour faire durer la crise. Imaginons un peu le discours mental que Lise se tient: «Pourquoi est-ce que cela m'arrive à moi? Je ne suis peut-être pas assez bien pour lui... Qu'est-ce que j'ai fait d'incorrect? Peut-être que j'aurais dû me montrer davantage indépendante... Il doit être en train de souper dans un chic resto avec une autre. Le salaud! Les hommes sont tous pareils... Dès que tu leur as cédé, ils t'abandonnent comme un vulgaire déchet. En tout cas, on ne m'y reprendra plus. Non mais, pour qui se prend-il? Mais je l'aime... Pourvu qu'il me rappelle... Il m'a dit que ce n'était que partie remise... Est-ce qu'il s'est moqué de moi?»

Si leur histoire est sérieuse, Lise reverra Joël le lendemain, ne parlera pas de sa nuit blanche et l'écoutera bien sagement lui dire qu'il a dû conduire sa mère malade à l'hôpital et lui tenir compagnie le temps qu'on s'occupe d'elle. Lise aura sans doute honte de son comportement, ce qui ne l'empêchera pas, si elle ne prend pas le contrôle de ses émotions, de répéter le même scénario larmoyant à la prochaine occasion.

Dans le deuxième exemple, Lise souffre d'un grand manque de confiance en elle et cela l'a rendue méfiante à l'égard de tout et de tout le monde. Quand tout ne va pas dans le sens désiré, elle sombre dans la déprime et laisse son imaginaire vagabonder librement dans des espaces désolants. Ici, c'est la crise de larmes, consécutive à une déception, qui entraîne l'autoapitoiement – un état qui attire rarement la sympathie d'autrui. Si Lise persiste dans ce type de réaction, elle ne pourra jamais vivre une relation amoureuse durable et équilibrée, et l'aspect sombre de ses dialogues intérieurs ne pourra que s'intensifier au fil des ans et des expériences de la vie.

Dans le troisième exemple, la situation est différente. Aucune larme n'est versée. Dans sa vie, en général, Lise a la réputation d'être une personne raisonnée, rationnelle, aux nerfs solides. Elle ne pleure pas quand elle subit un revers; elle fait volte-face et repart dans une autre direction, le pied léger et le sourire aux lèvres. Elle ne craint ni les obstacles ni les échecs. On dit d'elle qu'elle est une femme forte et, à la limite, dure. Mais ce n'est qu'un masque, car elle est probablement passée maître dans l'art de camoufler ses émotions. Quand Joël lui téléphone pour lui dire qu'il ne pourra pas venir ce soir-là, mais qu'ils se reverront bientôt, son subconscient la ramène à des années en arrière. À ce jour noir où sa mère, valise à la main, a quitté la maison en lui disant qu'elle reviendrait bientôt et qui n'est jamais revenue. Pour Lise, accepter d'aimer, c'est accepter d'être un jour abandonnée par ceux qu'on aime. Quand elle revoit Joël, celui-ci croit qu'elle boude. En réalité, elle se protège à sa manière. Leur relation s'effrite rapidement car Lise est incapable de s'abandonner elle-même à cette relation.

Ici, c'est la peur d'être abandonnée et de souffrir qui entraîne la fermeture totale de Lise à une relation amoureuse épanouie. Avec le temps, si elle n'y prend pas garde, elle deviendra incapable d'accepter l'amour dans sa vie et vivra abandon sur abandon, car elle les provoquera elle-même.

EN RÉSUMÉ

1er exemple

Déclencheur: annulation d'un rendez-vous.

Effet: crise de larmes.

Cause: organisme tendu.

2e exemple

Déclencheur: annulation d'un rendez-vous.

Effet: crise de larmes et autoapitoiement.

Cause: manque de confiance en soi; méfiance acquise.

3e exemple

Déclencheur: annulation d'un rendez-vous.

Effet: refoulement/négation des émotions; fermeture, introversion.

Cause: profond sentiment d'abandon dû à une expérience traumatisante passée.

Mais qui, sans connaître intimement Lise, pouvait affirmer avec certitude laquelle de ces réactions elle aurait? Et puis, Lise aurait pu tout aussi bien décider de s'enivrer, de céder à la colère en brisant la vaisselle, de s'abrutir de somnifères, de compenser en s'offrant un amant d'un soir, etc. Les causes et les effets auraient encore été différents.

À cet égard, le point commun des états entraînant le mal-être est qu'ils comportent tous un facteur déclencheur de réactions négatives.

Quand je parle de réactions négatives, je parle de ces réactions instinctives navrantes, ressenties *par* vous et préjudiciables *pour* vous, et souvent aussi pour les autres. Ce sont, en réalité, des réactions incompatibles avec la définition de la personne libre et maîtresse de sa destinée.

Mais une chose à la fois! Ne vous mettez surtout pas en tête de vouloir être, demain ou la semaine prochaine, la créature de rêve dont vous espérez mettre le costume. Comme je l'ai dit précédemment, la démarche que vous entamez aujourd'hui demande du temps, du courage, de la patience, de la douceur et de la persévérance. On ne change pas sa façon de réagir en criant ciseau! Chaque réaction, qu'elle s'appelle émotion, sensation, perception, pensée, parole, geste ou attitude, obéit à une motivation, l'action des forces, conscientes ou inconscientes, qui sont en vous. Ce sont ces forces, positives ou négatives, qui déterminent votre comportement, mais la motivation est ce qui justifie ou explique vos actions/réactions. Cela dit, il faut reconnaître que ces motivations sont profondément ancrées en vous, et parfois gouvernent votre vie depuis fort longtemps. Si, après une analyse honnête de vos divers réflexes comportementaux, vous jugez vos motivations archaïques, destructrices, perturbatrices, dévastatrices, il est de votre devoir de les modifier jusqu'à ce que vous soyez parvenu à un affranchissement absolu, le seul qui puisse vous procurer le bonheur durable.

Peu importe que vos manières négatives de réagir vous aient été inculquées par les autres dès votre plus jeune âge ou qu'elles viennent de mauvaises expériences ou d'échecs vécus dans votre vie d'adulte, l'important n'est pas de trouver des coupables mais des solutions. Partons du bon pied avec ce principe positif qui dit que chacun ne fait que ce qu'il peut, avec ce qu'il a, au moment où il fait tel ou tel geste.

Les personnes qui vous ont appris de mauvaises manières de réagir ou qui vous ont poussé à réagir négativement dans une situation quelconque jusqu'à ce que cela devienne un réflexe, l'ont fait en fonction de leur propre comportement, lequel était dicté par leurs propres motivations.

Aujourd'hui, le but est de vous laver, sans condamner, de l'influence des motivations des autres pour n'obéir qu'aux vôtres, celles qui feront de vous une personne libre de toute entrave.

En comprenant les raisons qui vous font réagir négativement, vous serez déjà fort bien outillé pour opérer les changements qui s'imposent. Ainsi, quand vous aurez découvert pourquoi, d'une part, vous ressentez spontanément et systématiquement, devant une situation donnée, de l'agressivité, de la culpabilité, de l'angoisse ou de la peur et que, d'autre part, vous saurez reconnaître les manifestations et les exutoires de ces sentiments (larmes, cris, alcool, drogue, jeu, magasinage compulsif, etc.), vous serez alors sur la bonne voie.

Trouver la cause de chacun de vos états de mal-être constitue le premier pas vers votre émancipation.

En comprenant *pourquoi* vous réagissez de telle ou telle manière en situation conflictuelle, vous deviendrez graduellement plus apte à esquiver ce type de situation et, quand il s'avérera impossible de l'esquiver totalement, d'y faire face avec calme et pondération.

PAR OÙ COMMENCER?

Il vous appartient donc maintenant de déterminer, puisqu'il faut bien commencer quelque part, laquelle de ces causes ou lequel de ces effets doit retenir votre attention et bénéficier de vos soins le plus rapidement possible. Qu'est-ce qui, à la base, constitue votre plus grand handicap? Une angoisse chronique? un sentiment constant de culpabilité? l'indicible peur d'être rejeté? un orgueil démesuré? Qu'est-ce qui provoque vos plus grand regrets? Ces crises de colère spontanées que vous faites à tout propos? ces crises de jalousie incontrôlables que vous faites subir à ceux que vous aimez? ces crises de larmes qui vous épuisent sans jamais rien régler?

Trouvez un état négatif qui vous est familier et décidez d'en devenir le maître plutôt que d'en demeurer l'esclave.

LES ÉMOTIONS

Tous les êtres humains éprouvent constamment des émotions/sentiments. Lorsque vous les assumez, les comprenez et les affrontez, il n'y a pas de problème. Cependant, lorsque vous les refoulez, les niez ou simplement les ignorez, alors, faisant fi de votre mépris, les émotions s'*assument* elles-mêmes. C'est lorsque vous refusez de leur accorder de l'attention, de les affronter, que ces émotions dédaignées ou réprimées par votre esprit qui triche avec lui-même commencent à accomplir leurs ravages, semant partout le désordre, le malheur et le mal-être.

Exemple

Après que ses deux enfants furent partis de la maison, Lucie, âgée de 49 ans, a eu envie de retourner à l'université, ce à quoi elle avait renoncé pour vivre pleinement son rôle d'épouse et de mère. Mais voilà qu'après avoir caressé l'idée et échafaudé des plans, Lucie s'est mise à penser à la réaction des *autres* s'ils connaissaient ses projets. Plus elle y pensait, plus elle se sentait ridicule d'avoir seulement songé à retourner sur les bancs d'école... à son âge! Sa grande peur était que les membres de son entourage se moquent d'elle.

Lucie a donc décidé de ne parler à personne de son ardent désir; elle s'est convaincue elle-même, par mille et un scénarios imaginaires, qu'elle ne provoquerait, si elle partageait son rêve, que sourires ironiques et regards moqueurs. Elle a donc refoulé son désir et l'a profondément enfoui en elle.

Croyez-vous qu'il soit vraiment possible de se divorcer de ses propres émotions aussi aisément? Que non!

Le désir ainsi enfoui se métamorphosera bientôt en un redoutable virus errant dans un esprit dédaléen, luttant pour s'en extraire, cheminant aveuglément vers une hypothétique issue, tel un aveugle prisonnier d'une demeure inconnue, trébuchant et heurtant tout sur son passage et ne laissant que des dégâts derrière lui. Le virus du désir contrarié, réprouvé, étouffé, contenu est extrêmement destructeur. Il contamine tout sur son passage, car il provoque des chaînes de réactions/émotions négatives dans tous les secteurs de la vie.

En ce qui concerne le cas de Lucie, nous sommes devant une émotion qui s'appelle *la peur de l'opinion et du jugement des autres*. Si, plutôt que d'affronter cette peur, plutôt que de l'analyser en la décortiquant, vous faites comme Lucie, c'est-à-dire que vous choisissez de la sublimer en essayant de vous convaincre qu'elle n'est pas la raison de votre inaction, alors soyez au moins conscient que ce que vous tentez de faire, c'est de vous sauver de vous-même.

Et s'il est un comportement vain, c'est bien celui-là: on ne peut pas se fuir soi-même. Oui, certes, on peut faire des actes en ce sens – le plus souvent inconsciemment –, mais ceux-ci s'avèrent toujours, en bout de ligne, dérisoires et infructueux.

Quant à l'exemple de Lucie, je dirais ceci: la peur de l'opinion et du jugement des autres est bien légitime, à moins d'être doté d'une confiance en soi et d'une estime de soi très solides, ce qui n'est le cas que de quelques individus.

À partir de cette prémisse de *normalité*, il convient maintenant de réagir.

Et c'est ce que vous apprendrez tout au long des pages qui suivent, mais pour l'instant, voyons un peu comment se définissent quelques-uns de ces états négatifs, parmi les plus fréquents, qui causent le mal-être. Les solutions, les traitements et les soins seront étudiés ultérieurement.

Chapitre 4

ÊTES-VOUS COMME CELA?

Le *Petit Robert* dit que le mot «dépressif» faisait anciennement référence à quelque chose qui enfonce, qui abaisse; au figuré, il se rapporte à ce qui abat.

C'est dans ce sens que je vous invite à lire ce qui suit.

L'expression «état dépressif» ne se rapporte donc pas, ici, à la dépression que l'on qualifiait autrefois de nerveuse, mais plutôt à des manières d'être qui risquent de conduire à une forme ou à une autre de dépression.

Tous ces états sont en soi, dans leur aspect modéré/contrôlé, compréhensibles, admissibles, voire souhaitables; et tout être humain normalement constitué en sera la proie à diverses occasions au cours de sa vie. Ce qui est inacceptable, tant pour soi que pour les autres, c'est l'aspect de non-gestion de ces états et, par conséquent, leur chronicité.

L'ANGOISSE/L'ANXIÉTÉ

Parce que ces deux concepts sont intimement liés, tant en psychologie qu'en psychiatrie, et parce que leurs symptômes sont essentiellement les mêmes, j'ai choisi de les analyser conjointement.

L'angoisse/anxiété se définit comme une inquiétude, une peur excessive, irraisonnée, démesurée par rapport à l'événement ou à la situation qui la provoque. Elle fait perdre (ou craindre de perdre), à la personne qui en est victime, le contrôle de ses émotions et de ses actions.

Bien entendu, certains individus sont plus sujets que d'autres à l'angoisse/anxiété. Ainsi, plus la sensibilité d'une personne est grande, plus cette personne est vulnérable aux conjonctures menaçantes ou aux situations présentant un indice, même minime, de dangerosité. Cependant, les troubles anxieux ne sont pas uniquement le lot des personnes nées avec un excédent de bagage émotif, mais il est aussi celui des gens qui ont vécu à quelque moment de leur vie un ou plusieurs traumatismes ayant conditionné des automatismes d'inquiétude et de peur.

Par conséquent, les personnes qui en sont les proies développent l'habitude de fuir tout ce qui laisse (ou semble laisser) présager un risque ou un péril quelconque.

Toutefois, ces fuites successives, ces abandons devant le moindre danger, réel ou fictif, ne font que renforcer le sentiment de peur; ainsi, l'anxieux/angoissé se trouve captif d'un cercle vicieux dans lequel il souffre intensément.

Un des plus gros problèmes des anxieux/angoissés est sans doute leur incapacité à s'empêcher d'imaginer toujours le pire, comme s'il était déjà arrivé. En fait, dans la très grande majorité des cas, la peur de l'angoissé ne s'appuie pas sur la réalité mais sur l'imaginaire: il a peur... d'avoir peur! Cependant, ses douleurs physiques et psychiques, elles, sont bien réelles et on peut dire qu'elles empoisonnent littéralement son existence.

Les symptômes les plus fréquemment observés chez les personnes anxieuses ou angoissées sont les suivants:

- tachycardie (accélération du rythme des battements du cœur);
- sensation d'étouffement, de suffocation;
- sensation d'étreinte, de compression au niveau de la cage thoracique;
- douleurs abdominales;
- engourdissements, particulièrement dans les mains;
- tremblements des membres (mains, bras, jambes);
- transpiration abondante, bouffées de chaleur;
- vertiges, étourdissements;
- tension continue;
- sentiment constant d'être menacé;
- incapacité d'agir, paralysie ou, au contraire, actions anarchiques, extrême nervosité, (sur)excitation.

Lorsque ces symptômes deviennent chroniques, la vie de l'angoissé bascule dans l'insupportable. Soulignons que l'angoisse/anxiété est un état maladif qui peut également se contracter par une sorte de contamination, c'est-à-dire être transmis à une personne (notamment à l'enfant) non anxieuse de nature par la fréquentation assidue d'une personne qui l'est. À cet égard, on peut dire de l'angoisse/anxiété, comme on pourra d'ailleurs le dire pour tous les états de même nature, qu'elle est contagieuse.

LA COLÈRE

La colère est un sentiment qui se manifeste plus ou moins violemment quand une personne, un événement ou une chose érige une barrière entre notre désir, besoin ou volonté et sa réalisation. La colère s'exprime de différentes manières, mais ses manifestations les plus fréquemment observées sont, outre une augmentation notable de la pression artérielle, le haussement de voix (de parler fort à hurler), les poings qui se serrent et se desserrent quand la colère est encore sous contrôle et les coups de poing sur ce qui est à portée de la main quand elle ne l'est plus; les cris, les menaces; les larmes, de rage ou de dépit; le souffle court, la respiration difficile parfois jusqu'à la suffocation, etc.

L'agressivité déclenchée par la colère va parfois jusqu'à la violence physique sur autrui quand ce qui fait obstruction au désir ou à la volonté de quelqu'un est une autre personne.

La colère naît d'une résistance:

- de quelque chose (obstacle sur une route, outil qui refuse de fonctionner, ordinateur qui a des bogues);
- de quelqu'un (refus d'obtempérer, rebuffade, affront ou ce qui est perçu comme tel); *ou*
- d'un événement (ajournement, retard, temporisation), qui s'oppose aux prétentions d'un individu.

Comme tout le monde, vous avez sans doute senti un jour la moutarde vous monter au nez et sourdre en vous la colère. Vous l'avez probablement, au moins une fois, manifestée à grands renforts de cris et de blasphèmes; vous avez aussi probablement — au moins une fois — blêmi ou rougi de colère; trépigné, bégayé, suffoqué, pesté devant et contre l'objet de votre colère.

Cependant, ces débordements émotifs, épuisants pour la personne qui les vit et très pénibles pour les autres qui les subissent, tendent généralement à diminuer jusqu'à ne plus se produire du tout ou presque, au fur et à mesure que l'enfant vieillit, apprend à vivre en société et, surtout, à développer la tolérance, la patience et le contrôle de soi.

Malheureusement, il est des gens à qui on n'a jamais appris à tolérer la contrariété, le déplaisir, les contretemps; à qui on n'a jamais enseigné à négocier en situation de désaccord ou de contestation; à qui on n'a jamais appris non plus à exprimer, avec les mots, ses divers états d'âme. Pour ceux-ci, il n'y a donc qu'une seule façon d'exprimer le mécontentement: la crise de colère.

À la lumière de ce qui précède, vous devez comprendre que la colère est une émotion légitime, mais elle ne l'est plus quand cette émotion (insatisfaction) se manifeste toujours, et avec excès.

Pour le colérique, toute résistance à ses souhaits équivaut à:

- une blessure délibérée à sa fierté;
- une écorchure à sa dignité;

- un manque de respect (qui lui est dû);
- une insulte personnelle, une offense;
- une atteinte à son honneur;
- une rupture d'équilibre qu'on lui fait subir contre sa volonté;
- une menace;
- un crime de lèse-majesté.

Le colérique est un être malheureux car sitôt ses crises terminées, il est bourré de remords et de regrets, mais il ne peut, hélas! s'empêcher de recommencer, encore et toujours!

- À l'instar des autres états dépressifs, la colère aussi est *contagieuse* et l'enfant est particulièrement vulnérable à la contamination. Un enfant dont un des deux parents (ou pire, les deux) est un colérique chronique court le risque, si personne ne lui apprend jamais à se dominer, de le devenir à son tour.
- La consommation excessive d'alcool est souvent observée chez les gens colériques.
- La colère dite *blanche*, c'est-à-dire froide, retenue, secrète, rentrée est aussi dommageable, pour la personne qui l'éprouve, que pour celle qui explose, car elle dévore le corps et l'âme.

LA CULPABILITÉ/LE REMORDS

La culpabilité, c'est l'état d'une personne qui se sent coupable, le sentiment qu'elle ressent. La personne victime de culpabilité a mauvaise conscience. Cela dit, il faut faire la distinction entre deux grands types de culpabilité: la culpabilité réelle et la culpabilité fabriquée, imaginée.

Culpabilité réelle, saine, naturelle

La culpabilité saine est ce malaise, un embarras ou une gêne que l'on éprouve lorsque nous avons fait une action ou un geste jugé incorrect ou indélicat en rapport avec notre code moral et nos valeurs.

La culpabilité saine peut également avoir été causée par une réaction que nous avons eue ou des pensées mauvaises que nous avons entretenues et que nous regrettons maintenant.

Les actions qui occasionnent chez une personne le sentiment de culpabilité peuvent être réfléchies ou encore faites sous le coup de l'impulsivité. Dans un cas comme dans l'autre, qu'il s'agisse d'une action délibérée ou étourdie, les conséquences sont les mêmes: nous nous sentons mal dans notre peau.

La meilleure façon – mais pas la plus facile – de vous libérer du sentiment de culpabilité, lorsque celle-ci est réelle et véritablement engendrée par un acte sur lequel vous aviez plein pouvoir, consiste naturellement à avouer la faute et à demander pardon à la personne que vous avez offensée ou blessée. Mais cela ne suffit pas, car il vous faut ensuite aussi accepter ce pardon lorsqu'il a été accordé. Certaines personnes éprouvent beaucoup de mal à se pardonner à elles-mêmes. Ce sont généralement des gens qui vivent beaucoup dans le passé et qui ont tendance à craindre l'avenir.

Cessez de regarder en arrière. Vivez le moment présent. On vous pardonne? Acceptez le pardon et passez à autre chose, en veillant toutefois à ne pas répéter le même comportement une seconde fois.

Culpabilité fausse, assimilée

La culpabilité fausse, assimilée est celle qu'on vous a *appris* à ressentir. Dès leur plus jeune âge, tous les enfants ont éprouvé un sentiment de culpabilité amené par leurs parents.

— Tu fais tellement de bruit qu'à cause de toi, j'ai toujours mal à la tête.

— Maman pleure parce que tu n'as pas voulu obéir et que tu m'as fait de la peine.

— Papa est en colère parce que tu n'as pas voulu prendre ton bain à l'heure prévue.

Hélas! les adultes – vis-à-vis des enfants mais aussi des autres adultes – sont souvent des agents de culpabilité. En rendant, par nos paroles ou par nos attitudes, les autres coupables d'avoir fait ou de ne pas avoir fait quelque chose, on s'octroie un pouvoir sur eux. C'est de la manipulation, du chantage, bref, un comportement à proscrire à tout prix.

L'autoculpabilité, quant à elle, est la douleur éprouvée lorsque vous croyez avoir blessé quelqu'un ou ne pas avoir pris les responsabilités qui, jugez-vous, vous incombent.

À ce stade-ci, il importe de redéfinir la notion de responsabilité et de dire: chacun sa part. J'ai connu une mère qui se culpabilisait d'absolument tout: du fait qu'il manque de papier hygiénique dans la maison jusqu'au fait que son adolescent ait de piètres notes scolaires, et combien d'autres choses! Et pourtant, cette femme avait un conjoint et des enfants suffisamment âgés pour assumer leur juste part de responsabilités. J'ai aussi connu un homme qui a fini par se suicider tellement il était écrasé par le poids de la fausse culpabilité. Il s'est cru responsable de tout et de tous pendant des années: de l'angoisse de sa fille, des difficultés financières de son fils, des frustrations de sa femme, de l'alcoolisme de son frère, de la faillite de son meilleur ami, bref, il ne vivait que dans l'ombre des autres en s'oubliant lui-même complètement. Cette culpabilité lui a tant pesé qu'un jour, il n'a plus été capable de supporter le fardeau des problèmes de tout un chacun et s'est donné la mort.

Si quelqu'un vous demande un service et que vous avez envie de lui faire plaisir, alors faites-le. Mais si vous n'en avez pas envie, si vous aviez d'autres projets, d'autres désirs, alors refusez. Vous avez le droit de dire *non* sans que cela vous occasionne de remords.

Les gens qui entretiennent le sentiment de culpabilité et qui disent *non* se punissent par la suite de l'avoir fait, en alimentant la peine d'avoir déçu l'autre. Ils arrivent à se convaincre qu'ils ont été égoïstes, qu'ils sont en état de faute et de péché et qu'ils doivent souffrir. La souffrance qu'ils éprouvent leur sert alors en quelque sorte de rémission et d'absolution.

Cessez de vous vautrer dans l'autoculpabilité. Prenez vos décisions en toute connaissance de cause. Faites toujours ce que vous considérez être le mieux pour vous et pour les autres. Acceptez d'être égoïste en assumant vos désirs et vos envies. Ne vivez pas dans le seul but de plaire aux autres. Plaisez-vous d'abord à vous-même.

LA HAINE

La haine est un sentiment violent, extrêmement malsain, qui incite la personne qui la ressent à souhaiter du mal à quelqu'un et à se réjouir du mal qui arrive à cette personne.

La haine est une colère intense, intimement apparentée à la rage, que l'on ressent à l'égard de quelqu'un qu'on considère comme le responsable d'une frustration que l'on subit soi-même. Généralement, cette personne détient sur soi une sorte de pouvoir qui nous met dans un état de servitude, de dépendance, d'assujettissement. De nombreux sentiments peuvent être à l'origine de la haine, notamment la jalousie (voir un peu plus loin).

Essentiellement, ce qui distingue la colère de la haine, c'est que cette dernière est toujours assortie du désir de voir le coupable de notre insatisfaction, ou plus justement celui qui est perçu comme tel, souffrir. Quand je hais, je nourris, à l'égard de la personne qui provoque ma haine, des projets méchants; je suis malintentionné et hostile. Je ressens une furieuse envie de le voir avoir mal.

Antipathie, aversion et hostilité sont quelques-uns des synonymes de la haine. L'amour est son principal antonyme. Ces deux grands sentiments cohabitent d'ailleurs souvent dans le cœur et l'esprit des êtres humains, et les deux nous rattachent aussi intensément à l'autre, à la différence près que l'un rend immensément heureux et l'autre, immensément malheureux.

Exemple

Mélanie et Jocelyn travaillent pour la même compagnie depuis près de 10 ans. Un poste de superviseur se libère et ils sont tous deux en lice pour l'occuper. Après la remise des *curriculum vitæ* et l'étude de leur dossier respectif, Mélanie obtient le poste. Jocelyn en éprouve d'abord un très grand dépit, mais celui-ci se change rapidement en jalousie, puis en colère. Il soupçonne fortement Mélanie d'avoir manigancé secrètement pour l'évincer. À force d'y penser et de se bâtir des scénarios imaginaires, il finit par y croire. Dès lors, sa colère se métamorphose en haine féroce. Son comportement change: il devient caustique envers celle qui est devenue sa supérieure hiérarchique, méchant dans ses propos et n'a qu'un seul désir: que Mélanie fasse une erreur tellement grossière que les patrons n'aient d'autre choix que de la congédier. Quand il est seul chez lui, Jocelyn nourrit sa haine en se demandant ce qu'il pourrait bien faire pour provoquer la chute de Mélanie.

La situation au travail en vient bien sûr à se détériorer, à tel point que Jocelyn est mis à la porte, congédiement qui ne fait qu'exacerber sa haine. Pour arriver à se défaire de ce sentiment puissamment mauvais, Jocelyn devra affronter ses émotions de base, c'est-à-dire le dépit et la jalousie.

Entre la personne haineuse et la personne haïe, la première est incontestablement la plus malheureuse des deux. Cultiver la haine, c'est se condamner soi-même à souffrir profondément. Le plus souvent, la personne visée par notre animosité n'en a cure. Au bout du compte, la seule victime de la haine est celle qui l'alimente, car la haine détruit, brise et tue. En outre, la haine enchaîne la personne qui la ressent à celle qui est visée.

L'INQUIÉTUDE

L'inquiétude se caractérise par de l'appréhension, c'est-à-dire que l'esprit de la personne qui l'éprouve est agité, tourmenté, en proie à une crainte vague, mal définie, confuse. En d'autres mots, l'inquiétude est ce tumulte psychique qui survient lorsque vous redoutez une mauvaise nouvelle, appréhendez une épreuve, pressentez un triste événement. Cette forme d'effroi se manifeste lorsque vous êtes dans un état d'incertitude ou d'insécurité par rapport à une situation particulière.

Exemples

- Mon fils, âgé de 15 ans, est sorti. Il devait rentrer à 23 h; il est 23 h 20 et il n'est toujours pas à la maison. Je suis inquiète.
- Lucie téléphone à Roger, son mari, pour lui dire qu'elle rentrera un peu plus tard que d'habitude, car

elle va prendre un verre avec des collègues de travail. Roger sait que les collègues de sa femme sont majoritairement des hommes. Il est inquiet.

- Nicole est allée passer des tests sanguins. Bien qu'on lui ait assuré que ce n'était qu'une routine, en attendant les résultats, elle est inquiète.

Tant que la crainte reste vague et confuse, on parlera d'inquiétude; dès qu'elle sera vive, elle prendra le nom de sa proche parente, l'angoisse/anxiété.

Il ne faut pas croire que l'inquiétude soit moins ravageuse que l'angoisse; elle n'en est que différente. Une personne perpétuellement inquiète de tout et de rien est une personne minée de l'intérieur qui gaspille toute son énergie à tenter de contrôler l'incontrôlable, c'est-à-dire les événements à venir.

LA JALOUSIE/L'ENVIE

L'envie et la jalousie ne sont que des parentes éloignées, mais le lien qui les unit est que toutes deux suscitent une émotion qui pourrait brièvement se définir par le désir de posséder ou d'être ce que d'autres ont ou sont et que nous n'avons ni ne sommes nous-mêmes.

La personne qui fait naître l'envie ne provoque pas, chez celle qui l'éprouve, d'agressivité, de colère, de haine ni de désir de détruire. Bien au contraire! La personne enviée devient souvent, pour l'envieuse, une sorte de mentor, de guide, de modèle duquel cette dernière va s'inspirer pour obtenir ce qui fait l'objet de son envie.

L'envie est un signal envoyé par l'esprit à l'effet qu'il existe un besoin qui demande à être comblé. La personne envieuse (et non pas jalouse) prendra alors les moyens de satisfaire son besoin en s'inspirant de quelqu'un qui a réussi à le combler pour lui-même. L'envie peut parfois être – quoiqu'il ne faille pas en faire une généralité – une émotion positive en soi, car elle peut être génératrice d'actions positives.

La jalousie, par contre, n'engendre que des actions négatives. Il faut distinguer deux grands types de jalousie: 1. la jalousie que l'on pourrait qualifier de *sociale* et qui se manifeste à l'égard de n'importe qui, n'importe quoi; 2. la jalousie affective.

Cependant, si l'objet de la jalousie change, ses manifestations demeurent essentiellement les mêmes.

La jalousie est attribuable à une insécurité émotionnelle. Cette dernière engendre le sentiment d'être menacé dans notre *moi* en nous faisant croire que l'autre (la personne qui suscite cette insécurité) nous est supérieur et que sa supériorité nous met en péril.

Exemple

Anne et Sophie sont amies depuis toujours. Elles ont grandi dans le même quartier, dans des familles semblables, tant sur le plan financier que sur celui des valeurs morales. Parvenues à l'âge adulte, alors que Sophie évolue dans un milieu professionnel, social et familial de rêve, Anne déambule dans la vie avec un air de chien battu, les épaules basses, la mine grise, passant d'un emploi à un autre, d'un amant à un autre. Avec les années, Anne a développé pour Sophie une animosité telle qu'à certains moments, celle-ci frise la haine.

Bien entendu, Sophie ne se doute aucunement des sentiments mauvais qu'elle inspire à celle qu'elle présente toujours comme étant sa meilleure amie.

Anne continue de fréquenter Sophie, car cela lui permet d'alimenter sa colère et sa haine. Mais sitôt que Sophie a le dos tourné, elle n'a de cesse de déblatérer contre elle. Pourtant, Sophie lui a ouvert de multiples portes afin de l'aider à sortir de sa piètre condition. Mais plus Sophie tente de lui faciliter la vie, plus Anne la déteste.

Dans l'esprit d'Anne, Sophie n'a fait aucun effort pour obtenir ce qu'elle a. Alors, se dit-elle, pourquoi ne puis-je pas, moi aussi, bénéficier de tous ces bienfaits qui lui tombent dessus si facilement? Plutôt que de passer à l'action pour obtenir ce qu'elle désire obtenir, Anne se complaît dans ses mauvais sentiments, reportant sur Sophie cette colère qu'elle ressent inconsciemment contre elle-même.

Par un processus le plus souvent inconscient, la personne jalouse se compare à la personne jalousée, la perçoit comme étant supérieure, donc menaçante. En réalité, la pseudo-menace ne provient de nulle part ailleurs que de la personne jalouse. Elle n'est rien d'autre qu'une mésestime de soi et de ses capacités, qu'un grave manque de confiance en soi, qu'une forme de paresse.

La jalousie affective, quant à elle, se manifeste quand notre pouvoir de séduction, dans son sens le plus large, est menacé. Ainsi, je peux ressentir de la jalousie à l'égard de n'importe quel être (humain ou animal) qui, à mon avis, met ou risque de mettre en péril mon bien-être et mon bonheur affectif.

Autres exemples

1. Pierre est jaloux de son fils car depuis sa venue au monde, sa femme ne lui consacre plus autant d'attention et n'a plus pour lui autant d'égards qu'auparavant. À certains moments, Pierre se surprend à détester l'enfant. Quand sa femme s'impatiente parfois après le gamin, il se réjouit secrètement; quand le gamin tombe et se fait mal, il en éprouve une sorte de jubilation.

2. Dorothée déteste le magnifique chien labrador que son mari vient d'acheter, car ce dernier passe désormais des heures à jouer avec son animal et à le caresser. En outre, quand il rentre du travail, il salue joyeusement son chien avant de lui dire bonjour à elle. Sitôt que Dorothée en a l'occasion, elle bouscule le chien, le prive de nourriture, le laisse dehors plus longtemps que nécessaire, bref, elle lui rend la vie dure, histoire de se venger de ce qu'elle considère comme un vol d'affection.

3. Julie déteste cordialement Carl, le nouveau copain de sa fille Mireille, parce que depuis qu'il est dans le décor, sa fille a mis fin à leur séance de magasinage du vendredi soir et à leurs soirées vidéos du samedi. Dès que le nom de Carl est prononcé par Mireille, Julie fait une moue

dédaigneuse et ne se gêne pas pour envoyer des pointes de méchanceté et faire de l'ironie. Toutes les actions et paroles de Carl sont sujettes au jugement acerbe et mauvais de Julie.

4. Simon et Paul sont amis depuis si longtemps qu'on dit d'eux qu'ils sont comme les deux doigts d'une même main. Depuis peu, Paul, propriétaire d'une entreprise, a pris un associé du nom de Mathieu. Depuis de nombreuses années, Simon et Paul avaient l'habitude de jouer au billard en équipe, trois fois par semaine. À présent, Mathieu se joint à eux. Simon est jaloux et saisit toutes les occasions qui lui sont données pour médire sur le compte de Mathieu, car il le perçoit comme une menace aux liens qui l'unissent à Paul. Il ressent la perte de l'exclusivité amicale de ce dernier comme un affront, une injure, et sa haine et sa colère contre Mathieu et Paul augmentent de jour en jour. Par orgueil, il refuse de s'en ouvrir à qui que ce soit et sa peur de perdre l'amitié de Paul se transforme bientôt en désir de blesser celui qu'il considère comme le seul et unique responsable de son état.

Pierre, Dorothée, Julie et Simon ont tous en commun la peur de perdre leur place, ou celle qu'ils considèrent être la leur ou devoir être la leur, dans le cœur d'une personne qui est importante pour eux.

La colère, engendrée par la jalousie maladive, peut s'exprimer tantôt contre l'être aimé, tantôt contre celui qui représente la menace. Ainsi, Pierre va tantôt haïr son fils, tantôt sa femme; Dorothée va haïr tantôt son mari, tantôt le chien de celui-ci. Mais que la colère et la haine, suscitées par le doute, l'inquiétude, la peine ou la peur, s'expriment contre l'un ou l'autre, les effets sont les mêmes. Les relations, naguère harmonieuses et heureuses, se détériorent progressivement parce que la jalousie, celle qui ne tolère aucune rivalité, finit par empoisonner la vie de tous les protagonistes, celle des jaloux comme celle des jalousés.

Par contre, lorsque la personne jalouse parvient à contrôler sa jalousie, alors celle-ci peut se transformer en envie et devenir une émotion génératrice d'actions positives. La jalousie, devenue envie, peut donner naissance au goût du défi et de la (saine) rivalité.

Vous risquez d'être un jour victime de la jalousie si:

- la dépendance affective de l'être aimé est essentielle à votre vie, si c'est elle qui lui donne un sens;
- votre affection, votre amitié ou vos amours pour l'autre se nourrissent d'exclusivité;
- vos actions sont toujours destinées à vous rendre indispensable à l'autre de façon que sans vous, il ne puisse être autonome.

LA PEUR

Tout le monde a déjà éprouvé la peur, plus ou moins souvent, plus ou moins intensément. La peur est une émotion très pernicieuse et, paradoxalement, elle est souvent plus dangereuse que l'événement, la situation, l'objet ou la personne qui la suscite.

Il y a plusieurs sortes de peurs, notamment celle qui, dans sa phase aiguë, prend le nom de phobie (peur des araignées, de la noirceur, des ascenseurs) et celle qui s'apparente à l'angoisse, à l'anxiété, à l'inquiétude et qui, à son paroxysme, est qualifiée de panique. La phobie et la peur panique sont des états facilement identifiables lorsqu'elles se produisent, car leurs manifestations sont violentes.

Puisque le traitement des phobies n'entre pas dans le cadre de ce livre, j'aimerais vous entretenir d'une autre forme de peur qui est, et de loin, beaucoup plus difficile à cerner ou à reconnaître que les précédentes.

En réalité, il s'agit d'une catégorie de peurs qui en comporte elle-même d'innombrables. Je veux parler, bien sûr, de ces peurs permanentes, ces peurs réflexes que des centaines de milliers de personnes éprouvent chaque jour et plusieurs fois par jour: la peur d'être jugé, blâmé, rejeté, critiqué, mésestimé; de n'être pas (ou plus) aimé.

Ce type de peur rend les gens qui l'éprouvent, consciemment ou non, fort malheureux, car il engendre des inhibitions dans les actions et les prises de décisions.

1er exemple

Laura est littéralement crevée après une dure semaine de travail. Après un bon bain chaud et relaxant, elle enfile son pyjama et se dirige vers son lit, tombant de fatigue, les yeux déjà à moitié fermés. Sa tête a à peine le temps de toucher l'oreiller que les mains de son mari sont sur elle, essayant d'éveiller son désir de faire l'amour. Laura a envie de hurler qu'elle n'en peut plus, qu'elle désire seulement qu'on lui fiche la paix, mais elle a peur de décevoir son mari. Elle pense: «Si je ne lui cède pas, il ira en voir une autre... il sera marabout demain... il fera la tête pendant trois jours...»

Alors Laura, faisant fi de son impérieux besoin de sommeil, puise dans ses maigres réserves d'énergie et fait l'amour avec son mari.

Le lendemain, Laura est boudeuse toute la journée et toute la soirée, mais c'est en vain que son mari l'interroge pour connaître les raisons de son humeur massacrante.

2e exemple

Gilles habite seul avec Nicolas, son fils de 17 ans. Ce vendredi soir-là, il a prévu, pour lui-même, une petite soirée tranquille à regarder un documentaire télévisé qu'il attend depuis quelques semaines déjà. Nicolas arrive avec trois copains au moment où il s'installe dans son fauteuil préféré. Son fils lui dit que ses copains et lui viennent de louer deux films vidéo. Silencieusement, Gilles regarde alors les copains sortir la bière et les croustilles et s'étendre sur le tapis du salon pendant que Nicolas insère, effrontément, la cassette dans le magnétoscope.

Gilles sent la colère et la frustration monter en lui. Il a envie de leur dire que c'est *son* salon, qu'ils sont en train de violer *son* intimité, qu'ils pourraient aller regarder leurs films ailleurs. Mais il ne dit rien. Il pense: «Je suis réputé pour être un père *cool*. Les jeunes m'aiment bien; ils me considèrent même parfois comme un des leurs. Je vais passer pour un imbécile si je pique une crise. Ils n'auront plus aucune sympathie pour moi. Après tout, je ne tiens pas tant que cela à ce documentaire!»

Alors, Gilles se lève, cède à regret son fauteuil, s'habille, va au bar à côté de chez lui, se commande une bière et passe la soirée devant les machines à poker. Il perd une forte somme. Le lendemain, il fait la gueule à son fils qui n'y comprend rien du tout.

La peur d'être jugé ou de n'être plus aimé est responsable de nombreuses actions/réactions dont les effets ne blessent, au bout du compte, que la personne qui la ressent.

De tous les états dépressifs engendrant des réactions négatives, cette peur de blesser, d'être blâmé ou rejeté, est sans aucun doute l'état le plus commun. En outre, elle est aussi la plus ravageuse, car elle est omniprésente. Elle se manifeste sans fanfare, à pas feutrés, secrètement, dans la vie de tous les jours, dans les moindres actions, dans les moindres décisions. C'est une peur quotidienne et il faut être drôlement éveillé, conscient et déterminé à se respecter (soi, ses désirs, ses besoins) si on ne veut pas y céder.

Malgré que cela demande, au début tout au moins, une extrême vigilance, il est possible d'apprendre à obéir à ses désirs et à sa propre volonté plutôt qu'à ses craintes (le plus souvent imaginaires) qui, elles, vous confinent au rôle de la personne qui est ce que les autres veulent qu'elle soit. Il faut apprendre à dire *non*!

LA RANCUNE

La rancune est le souvenir persistant, tenace, profondément enraciné, d'une offense, d'une désillusion, d'un préjudice. La notion de rancune comporte, à l'instar de la haine, une grande part d'hostilité et un désir de vengeance.

La personne qui entretient la rancune non seulement refuse de pardonner mais caresse aussi constamment l'idée d'exercer des représailles contre le responsable du préjudice subi.

Exemple

Gisèle a 68 ans. De chaque côté de sa bouche se dessine un pli amer. Tous les membres de son entourage prétendent qu'elle a toujours vécu dans le passé. Un jour que nous étions invités à la même noce, j'ai décidé de lui poser, mine de rien, quelques questions. Au bout d'une quinzaine de minutes, sans que cela ait aucun rapport avec la conversation que nous avions, elle s'est mise à me parler d'une dénommée Marthe. D'abord un peu dérouté par cette digression, j'ai fini par comprendre qu'elle me disait que Marthe, qui fut sa meilleure amie pendant des années, l'avait trahie en faisant des propositions érotico-amoureuses à son mari.

— Il est où, maintenant, votre mari? lui ai-je demandé.

— Il est mort...

— Oups! Je suis désolé... Je ne savais pas...

— Ne vous en faites pas! Cela fait 35 ans que je suis veuve!

— Mais... vous me disiez que cette amie... Marthe...

— Ah cette traîtresse! Je ne lui pardonnerai jamais... Avec ses grands airs de sainte nitouche... Me faire ça à moi...! Et lui! Il n'était pas mieux qu'elle. Je n'avais que 24 ans... j'étais belle à cette époque... Mais non... Ça ne lui suffisait pas... Mais bon, un homme, c'est un homme et la chair est faible. Mais *elle*... elle n'avait pas le droit de me faire ça... à moi... sa meilleure amie...!

J'ai donc compris que Gisèle entretenait sa rancune à l'égard de Marthe depuis... 44 ans! Le souvenir de l'affront qu'elle avait subi était demeuré si vivace dans sa mémoire qu'elle en parlait encore près d'un demi-siècle plus tard comme si c'était arrivé hier.

Parce qu'elle n'est pas parvenue à s'en libérer en pardonnant, le choc émotionnel que Gisèle a subi, alors qu'elle n'était encore qu'une toute jeune femme, a été tel qu'il est arrivé à empoisonner tout le reste de son existence. Aujourd'hui encore, quand Gisèle parle de Marthe, elle frémit de dégoût, ses mots sont méprisants et sa peine est encore très vive.

***

Bien sûr, il y a de nombreux autres états négatifs qui prédisposent les gens à n'être pas ce qu'ils devraient être – la tristesse, la honte, etc. –, mais je pense en avoir fait un survol suffisant pour vous aider à comprendre en quoi ils consistent.

Vous devez vous débarrasser rapidement d'un état négatif et inconfortable quand il devient pathologique (c'est-à-dire qu'il provoque des malaises, des maladies, des lésions, des troubles physiques ou mentaux) et qu'il fait du mal à vous et aux personnes qui vous côtoient.

Être occasionnellement et momentanément angoissé à la suite d'une mauvaise nouvelle; avoir honte de soi au souvenir d'un moment d'égarement; se sentir coupable de n'avoir pas été à la hauteur quand on aurait pu l'être, moyennant un peu plus de bonne volonté; piquer une colère, subite et courte, à la suite d'un affront, ne sont pas des états chroniques. Ce sont des états passagers qui entraînent des réactions négatives isolées. Nul n'est parfait en ce bas monde!

L'état négatif chronique est un état coutumier; une façon routinière, irréfléchie, irraisonnée et instinctive de réagir *mal* à certains stimulus.

Chapitre 5

LES PIÈGES QUI VOUS EMPÊCHENT D'ÊTRE VOUS-MÊME

La nature humaine étant ce qu'elle est, c'est-à-dire extraordinairement complexe, il est impossible d'établir chacune des attitudes, des habitudes, des émotions, chacun des comportements ou des sentiments à proscrire pour faire en sorte que l'homme soit à l'abri de ce qui risque de provoquer le mal-être, le mal de vivre, le mal de l'âme.

Cependant, il est possible d'établir une liste, non exhaustive, de certaines dispositions d'esprit, de diverses conduites, personnelles et individuelles, qu'il faut éliminer de toute urgence, afin de pouvoir devenir la personne que l'on voudrait réellement être.

FAUT-IL AGIR ET VIVRE EN FONCTION DES AUTRES?

Outre les chaînes que vous vous mettez vous-même aux pieds en refusant d'affronter vos émotions, il y a les prisons dans lesquelles vous laissez volontairement les autres vous enfermer.

Paradoxalement, ces *autres* sont souvent les gens qui comptent le plus pour vous: vos parents, vos enfants, votre conjoint, votre amant ou votre meilleur ami. Parce que votre amour pour eux est grand et que vous ne voulez pas le perdre, vous leur permettez – consciemment ou pas – de vous manipuler afin d'obtenir tout ce qu'ils veulent de vous, au détriment, généralement, de vos propres envies.

Bien sûr, au sein d'un couple ou d'une famille, ou s'il s'agit d'une grande amitié, il importe d'être à l'écoute et, d'une certaine façon, d'être disponible à l'autre, ce que je ne remets nullement en cause. Cependant, quand on aime, on est prêt à faire des tas de concessions: voilà ce que je remets en cause. Accepter de faire pour l'autre, pour lui faire plaisir, quelque chose qu'on n'a pas envie de faire est une attitude normale et même souhaitable occasionnellement. Mais cela ne l'est plus quand toutes vos actions sont faites dans le but unique de plaire à l'autre et d'être aimé de lui.

Pour vivre heureux et libre, il vous faut réapprendre à vivre pour vous, en fonction de vous, et non pas toujours sacrifier vos désirs au nom du devoir filial, amical, conjugal, professionnel ou autre. Car les gens que vous aimez le plus ne sont pas les seuls à vous faire faire des choses que vous ne désirez pas vraiment faire. Il y a aussi *tous* les autres à qui vous ne voulez pas déplaire: votre patron, la voisine, votre collègue de travail et même l'épicier.

Voici quelques exemples de situations où certaines personnes adoptent un comportement contraire à leurs désirs.

- Je fais des heures supplémentaires.
- Je fais l'amour.

- Je garde les enfants de ma voisine.
- J'accompagne ma mère au bingo, bien que j'aie horreur de ça.
- Je raccommode la robe de ma meilleure amie, même si je ne dispose que d'une petite heure pour me reposer un peu.
- J'ai accepté, malgré mon emploi du temps chargé, de faire du bénévolat à l'école primaire.

Des comportements de ce type, vous en adoptez très certainement plusieurs fois par jour. Comment pourriez-vous *véritablement* être heureux, épanoui et bien dans votre peau? Comment pourriez-vous véritablement être la personne que vous devriez être si vous acceptez de faire des choses que cet autre n'accepterait pas?

Il vous faut d'abord et avant tout réapprendre à dire *non* quand c'est *non*, quand le produit ou le service qu'on vous demande exige de votre part que vous fassiez abstraction de *vos* envies, que vous alliez à contre-courant de vos désirs. Votre patron comprendra que vous refusez de faire des heures supplémentaires parce que vous êtes trop fatigué; votre partenaire amoureux comprendra, s'il vous aime vraiment, que vous n'ayez pas envie de faire l'amour un soir; votre voisine trouvera très certainement une autre gardienne; votre mère, des compagnes pour aller au bingo avec elle; votre meilleure amie, une couturière pour repriser sa robe; le comité d'école, une autre bénévole!

Mettez-vous à la place de ces gens: pourquoi chercheraient-ils quelqu'un d'autre pour combler leurs besoins quand ils savent qu'ils n'ont qu'à s'adresser à vous? Pourquoi gaspilleraient-ils temps et énergie à chercher ailleurs quand ils vous ont sous la main? Mais attention! Cela ne veut pas dire que vous leur êtes indispensable, cela signifie simplement qu'il est plus facile de s'adresser à vous parce que vous acquiescez toujours – et si vous ne dites jamais rien, comment pourraient-ils savoir que ce que vous faites pour eux, à certains moments, pèse lourd sur vos épaules?

Les gens ne sont pas des devins. Tout le monde n'est pas à l'écoute des autres et n'est pas clairvoyant. Exprimez-vous et faites valoir vos droits, mais toujours en douceur et dans le respect d'autrui.

AVOIR CONSTAMMENT PEUR

Nous l'avons vu, la peur est un poison insidieux, à action lente. Plus on aime, plus on a peur de perdre l'objet de notre amour. Plus on a peur de le perdre, plus on est prêt à faire des choses pour le garder.

Exemple

Vincent et Sylvie sortent ensemble depuis 11 mois. Ils sont tous les deux des adeptes de la moto et c'est ce qui les a mutuellement attirés l'un vers l'autre. Depuis quelque temps, Sylvie a perdu beaucoup d'intérêt pour ces engins et quand Vincent lui dit: «Habille-toi, mon amour, on part dans 10 minutes», elle rechigne, boude et soupire à fendre l'âme. Au début, Vincent n'y prêtait pas vraiment attention mais un jour, il lui a dit: «Écoute, si cela ne te tente pas, reste à la maison. On se verra plus tard.» Mais Sylvie ne veut pas laisser Vincent partir seul. Elle voudrait plutôt qu'il reste avec elle. Mais pour lui, il est hors de question de laisser passer une belle journée d'été sans enfourcher sa moto. Alors Sylvie, qui préférerait pourtant aller faire du lèche-vitrine avec sa meilleure amie, le suit.

Sylvie a peur de perdre Vincent, peur qu'il ne l'aime plus parce que son intérêt pour leur passion commune a diminué. Pour qu'il ne cesse pas de l'aimer, elle l'accompagne partout où il désire aller même si ces sorties sont à l'opposé de ce qu'elle souhaite vraiment.

Vincent n'est pas un idiot. Il sent bien que quelque chose ne va pas. Il ne comprend pas que Sylvie insiste pour l'accompagner quand il est évident qu'elle a envie de faire autre chose.

Un jour, alors qu'ils sont sur le point de quitter l'appartement, Vincent décide d'en avoir le cœur net. Il est frustré dans son plaisir de faire de la moto, car celui-ci est entaché de la mauvaise humeur de son amie.

Après quelques questions seulement, Sylvie se met à pleurer et lui explique ce qu'elle ressent. Vincent éclate de rire, la prend dans ses bras, lui dit d'aller au cinéma voir ce film qui lui fait tant envie et lui affirme que, pour lui, son amour pour elle et sa passion de la moto sont deux sentiments distincts. Qu'il ne la quittera certainement pas parce qu'elle aime moins que lui des chevauchées pétaradantes. Qu'elle avait tort de s'inquiéter et de se faire du mauvais sang. Qu'elle aurait dû en parler avant!

Le problème est là: les gens qui ont peur ne parlent pas de leurs craintes parce qu'ils ont (encore) peur que le fait d'en parler envenime les choses. Au contraire, une bonne et franche discussion est toujours la meilleure attitude à adopter.

Si, dans l'exemple précédent, Vincent n'avait pas posé de questions à Sylvie, la frustration de l'un et de l'autre aurait sans cesse augmenté et probablement que leur relation de couple se serait détériorée graduellement jusqu'à l'inévitable séparation. Après leur conversation, Sylvie est allée au cinéma avec sa mère, tandis que Vincent s'adonnait à son sport préféré. Le soir venu, ils se sont raconté leur journée et se sont endormis après avoir fait l'amour.

Chaque fois que cela s'avère nécessaire, vous devez discuter avec l'autre de ce qui vous embarrasse. Un désir frustré peut être à l'origine de nombreuses situations négatives et déplaisantes pour tout le monde. Pourquoi refouler, réprimer sans cesse des déceptions et des frustrations? Les accumuler ne conduit jamais nulle part ailleurs qu'à la crise, qu'à l'explosion de colère, de hargne ou de chagrin. Et alors, jaillissent de la bouche des frustrés tout ce qu'ils répriment depuis des semaines, des mois, voire des années.

Si on n'y prend pas garde, si on ne règle pas nos problèmes au fur et à mesure qu'ils se présentent, vient un moment où il est trop tard pour les discussions, car chacun des protagonistes a accumulé trop de rancune et de rancœur pour être capable de raisonner et de négocier avec objectivité.

Le conflit silencieux qui opposait Vincent et Sylvie s'est bien terminé parce qu'il a posé des questions et que celles-ci ont permis à l'abcès de se vider. Mais ce n'est pas toujours le cas, loin de là! Lorsque les deux personnes en cause sont enfermées dans un mutisme rancunier, il devient bien difficile d'établir une discussion rationnelle et raisonnable.

Vous pouvez transposer l'exemple de Vincent et de Sylvie dans toutes les situations où vous n'avez pas fait ce que vous aviez envie de faire par peur de déplaire, de choquer ou de contrarier quelqu'un que vous aimez. Ce type de comportement est malsain et pourtant fréquent et il vous empêche de vous affirmer comme la personne que vous devriez être.

Décidez dès aujourd'hui d'assumer vos désirs, vos envies et vos besoins, mêmes s'ils vont à l'encontre des souhaits ou des attentes de vos proches. Arrêtez d'avoir peur de faire ce qui vous plaît sous prétexte qu'on ne vous aimera plus. D'ailleurs, c'est tout le contraire qui risque de se produire puisqu'en assumant vos besoins et vos désirs, ceux qui vous aiment ne pourront que constater votre bien-être, votre bonheur, votre équilibre et profiter de votre bonne humeur et de votre sérénité.

Si, en assumant vos besoins et vos désirs, vous vous rendez compte qu'on vous en tient rancune, interrogez-vous sur la nature des sentiments qui vous lient à l'autre. Une relation dans laquelle l'un doit toujours être à l'écoute des besoins de l'autre, et seulement des siens, n'est pas une relation saine. C'est une relation de dominant-dominé et vous devez y mettre un terme dès maintenant.

Et cela vaut autant dans les relations entre adultes que dans les relations parents-enfants. Même les tout-petits sont capables de comprendre que leurs besoins vont parfois à l'encontre des vôtres et qu'il faut quelquefois négocier et quelquefois céder, qu'on ne peut pas toujours gagner, qu'il faut laisser aux autres leur liberté.

Apprendre aux enfants le respect de la liberté des autres est sans doute un des plus beaux cadeaux à leur faire.

VAINCRE LA DÉPENDANCE AMOUREUSE ET AFFECTIVE

Dans une relation amoureuse, il ne faut pas vouloir obtenir la symbiose à tout prix car, à plus ou moins long terme, elle donne rarement de bons résultats.

D'ailleurs, quand on est en amour, pourquoi vouloir si intensément se fondre en l'autre? En agissant ainsi, le dépendant amoureux accepte de perdre son individualité au profit de l'autre. Tout ce qui constituait, à l'origine de la relation, le charme et les attraits de l'être devenu dépendant se dissout, lentement mais sûrement, jusqu'à ce que sa personnalité soit complètement diluée, jusqu'à ce que disparaisse totalement tout ce qui le différenciait et l'unissait à l'être aimé.

Le dépendant amoureux finit par n'être plus que l'ombre de lui-même et de l'autre. Il ne vit plus que pour l'autre, en fonction de l'autre, à travers l'autre.

Le dépendant amoureux qui ne prend aucune décision sans avoir préalablement reçu l'approbation de l'être aimé n'a plus d'activités distinctes, il se plie toujours aux décisions et aux opinions de son partenaire, il n'entreprend jamais aucun projet, ne bâtit jamais aucun plan sans l'autre; il vit perpétuellement dans la peur de déplaire, craint la solitude comme la peste, accepte de faire n'importe quoi pour l'autre, et ce, même si la chose demandée va à l'encontre de ses valeurs et de son code moral. Il passe sa vie à attendre l'arrivée de son partenaire, une lettre ou un appel; à espérer un geste tendre, un mot d'amour. Il sourit quand l'autre sourit et n'éprouve de bien-être que lorsque l'autre est là.

Cette attitude de soumission est extrêmement malsaine pour le dépendant et le plus souvent lourde à subir pour la personne qui la provoque, bien souvent contre son gré. Si certaines personnes sont dominantes, il n'en est pas ainsi pour la majorité des gens. Vivre avec un dépendant amoureux constitue un fardeau et une responsabilité que bien peu d'amoureux sont prêts à assumer — et je dirais même à subir. Car lorsqu'un sentiment tendre unit deux êtres, la dépendance de l'un crée des obligations morales à l'autre.

Certes, il est bon de participer aux projets de l'autre, de s'associer à ses passions, de partager avec lui ses loisirs et, de façon générale, de s'intéresser à ce qui l'allume. Cependant, il faut que vous sachiez, à travers tout cela, préserver les projets, les passions, les loisirs et les intérêts qui vous sont propres. Il faut savoir demeurer, au sein d'un couple, une personne à part entière et non pas devenir, pour plaire et pour prouver son amour, une pâle copie de soi.

Le plus souvent, le dépendant amoureux agit inconsciemment, comme un manipulateur. Par son attitude de résignation et de servitude, il passe à l'autre un message du genre: «Je me repose sur toi. Tu es responsable de mon bonheur. Tu ne peux pas m'abandonner», infligeant à l'autre, s'il décide de passer outre ce message non verbal, un sentiment cruel de culpabilité.

Dès qu'un des deux partenaires voit l'autre comme un sauveur ou une béquille, le couple est voué à l'échec, à plus ou moins court terme. Accepter de dépendre de quelqu'un d'autre que soi, c'est accepter d'être son esclave et cela est tout à fait contradictoire avec l'esprit de cet ouvrage qui se veut un passeport pour la liberté.

Être libre ne veut pas dire être seul; cela signifie seulement établir avec l'autre (ou les autres) des relations saines, harmonieuses, équilibrées, ouvertes, dans lesquelles chacun peut s'épanouir et trouver sa route. Être libre, c'est ne pas avoir constamment besoin de marcher dans les traces de l'autre ou de respirer le même air que lui.

La dépendance affective, elle, rejoint la dépendance amoureuse dans sa définition, à la différence qu'elle peut s'appliquer à tous les types de relations dans lesquelles résident des liens d'affection.

Ne perdez pas de vue que tout ce qui précède et tout ce qui suit s'applique tant à la dépendance amoureuse qu'à la dépendance affective. La seule véritable différence, c'est que dans le premier cas, la dépendance se situe seulement sur le plan amoureux et que dans le second, le dépendant affectif est soumis au bon vouloir des enfants, des amis, des parents.

Il est incapable d'assumer seul ses responsabilités, que celles-ci soient du domaine financier, social, familial, conjugal ou émotionnel. Et il est prêt, pour être aimé, à dire toujours comme les autres même si cela est en parfaite contradiction avec ce qu'il pense vraiment. Pour être aimé, il se porte toujours volontaire pour accomplir les tâches fastidieuses que tout le monde refuse d'accomplir; il est incapable de vivre seul, car il a constamment besoin du soutien moral ou physique de quelqu'un d'autre; il a du mal (quand il n'est pas tout à fait incapable) à dire non.

En outre, le dépendant affectif vit perpétuellement dans la crainte de faire des erreurs, de commettre des bourdes. Et si cela lui arrive, il n'en finit plus de dire à quel point il est désolé.

Quand le dépendant amoureux ou le dépendant affectif ne reçoit pas de l'autre ce dont il en attend, c'est-à-dire une aide pour se développer lui-même sur les plans affectif, émotionnel, social, etc., il sombre dans des états dépressifs, se sent abandonné, rejeté, nul.

AFFRONTER L'ÉCHEC

Êtes-vous de ces personnes qui sont incapables de subir un échec sans s'effondrer? Si oui, vous devez dès maintenant rectifier votre tir, car ce n'est certainement pas en abdiquant dans l'adversité que vous vous donnerez les moyens nécessaires pour accéder à la liberté d'être la personne que vous devriez être.

Certes, l'échec n'est pas plaisant pour la personne qui le subit. Cependant, il s'avère qu'il est plus souvent qu'autrement une blessure d'orgueil. Aussi, devant l'échec, vous devez rapidement relever la tête.

Il est d'ailleurs impensable et aberrant de penser qu'un être humain, quel qu'il soit, puisse vivre sa vie sans avoir jamais à essuyer de revers ou d'échecs.

Les échecs sont destinés à renforcer votre tempérament; ils constituent autant de défis qu'il vous appartient de relever afin de raffermir et d'accroître votre confiance en vous. Toutefois, ne restez jamais prisonnier d'un échec; servez-vous plutôt de celui-ci pour établir plus solidement vos projets d'avenir en vous disant qu'il n'est qu'une étape désagréable à traverser et limitée dans le temps. Souvent, les échecs se révèlent être le germe d'une victoire prochaine, car ils sont mis sur votre route pour vous permettre d'évoluer et non pas pour vous engourdir jusqu'à vous paralyser.

Apprenez donc à prendre du recul par rapport à vos échecs; analysez-les soigneusement et avec un maximum d'objectivité, comme vous le feriez si c'était l'échec de quelqu'un d'autre. Ne soyez pas inutilement et excessivement sévère envers vous.

Après avoir analysé vos échecs et trouvé l'erreur, veillez à ne plus les répéter et ne perdez jamais de vue que *errare humanum est*.

SURMONTER LES ÉPREUVES

Il est écrit dans la Bible qu'il n'est jamais imposé à l'être humain d'épreuves qu'il ne soit en mesure de surmonter.

Au cours d'une vie, nous avons tous des épreuves à traverser. Il faut les voir comme des étapes de vie destinées à nous faire évoluer. Les gens qui restent prostrés après une épreuve ne savent pas qu'ils ont en eux toute la force nécessaire pour sortir de leur sclérose.

Nous avons tous, un jour, voué notre admiration à une personne qui a réussi à passer à travers une épreuve difficile, parfois intolérable, comme la perte d'un enfant ou un accident grave. Les journaux, les magazines, la télévision nous offrent souvent des témoignages de gens qui ont traversé des épreuves pénibles et qui s'en sont sortis, certes après de multiples efforts, mais avec les honneurs et le sourire.

Comme moi, vous vous êtes sans doute demandé où ils pouvaient bien puiser leur incommensurable courage. Leur réponse est invariable: ils ont refusé de s'apitoyer sur leur sort et ont puisé ce courage en eux!

Faites comme ces héros du quotidien et découvrez à travers les épreuves et les échecs à quel point vous êtes doté vous aussi de cette force colossale. Vous serez étonné de constater bientôt que cette force est également sans limites.

LES PIÈGES DU MENSONGE

Mentir, c'est dire, dans le but de tromper les autres, des choses que l'on sait sciemment être contraires à la vérité, à la réalité.

Vous connaissez sans doute des gens qui se plaisent à raconter un tas d'histoires juste pour le plaisir de berner les autres ou d'abuser de leur naïveté, de leur crédulité ou de leur confiance. Mais à force de mentir aux autres, le menteur finit par se croire lui-même et en vient généralement à sombrer dans une sorte de mythomanie dans laquelle il a du mal à départager le vrai du faux, sans compter que le menteur finit toujours par être démasqué. On ne peut duper longtemps et inconsidérément autrui sans que cela nous retombe un jour sur le nez.

Hélas! le mensonge est un microbe pervers qui se présente sous plusieurs visages différents qu'il est parfois difficile de découvrir. Ainsi, vous pouvez mentir parce que vous croyez *devoir* le faire pour vous protéger, pour vous bonifier, pour ne pas faire de peine, pour ne pas blesser, pour ne pas avoir à dire non. D'ailleurs, par acquit de conscience, on accole souvent au mot «mensonge» le qualificatif de «pieux», c'est comme se donner la permission de faire un geste incorrect en se convainquant que de ne *pas* le faire est encore plus incorrect.

Souvenez-vous toujours que devenir libre, c'est accepter d'être ce que l'on est, sans subterfuge et sans leurre, donc être capable de vivre sa vie sans mentir, ni à soi ni aux autres. C'est d'ailleurs là une prémisse de base pour devenir la personne que vous devriez vraiment être.

ASSUMER SA SEXUALITÉ

De façon générale, les personnes qui nient leur sexualité nient leurs besoins ou encore le fait que ces besoins soient insatisfaits. Et elles s'affichent comme les victimes toutes désignées pour sombrer dans des états dépressifs.

Jouir de relations sexuelles satisfaisantes et épanouissantes est un besoin tout aussi naturel que le sont ceux de manger, de dormir ou d'évacuer. Et ce besoin, comme tous les autres, doit être comblé pour que l'être humain soit capable de vivre une vie équilibrée. Les personnes – et elles sont nombreuses – qui affirment ne pas avoir besoin de *ça* pour être heureuses se leurrent elles-mêmes.

En réalité, ces personnes ont en quelque sorte renoncé (volontairement ou non) à ce type d'épanouissement et compensent le manque ainsi engendré ailleurs et autrement. Généralement, la compensation se présente sous forme d'obsession-compulsion vécue à des degrés divers. Ainsi, la personne sexuellement frustrée, mais qui s'estime heureuse dans la vie, va, par exemple, se déchaîner au travail, se saouler de bruit et de musique dans les bars, s'occuper sans fin d'œuvres communautaires, devenir un as du ménage et de l'hospitalité, etc.

La principale cause qui conduit les gens à nier leurs besoins sexuels est indéniablement l'éducation qu'ils ont reçue. Tant de tabous et de préjugés sont associés à la sexualité qu'il est souvent plus facile de se taire, de réprimer et de faire semblant que de parler, d'extérioriser et d'assumer.

Réfléchissez bien! Nier sa sexualité est une attitude fréquente et peu de personnes sont conscientes qu'elles le font. Parmi celles qui en sont conscientes, un faible pourcentage seulement accepte d'affronter cette négation, d'en chercher et d'en trouver les causes et, bien sûr, de se conditionner adéquatement.

La sexualité n'est pas un caprice, une tare ou un vice, elle est un besoin essentiel qui, faute d'être comblé, trouvera autrement son assouvissement.

Si vous vous reconnaissez, si vous croyez faire partie des gens qui affirment haut et clair qu'ils n'ont pas besoin de sexe pour être heureux, demandez-vous quels moyens vous utilisez pour compenser ce manque. Parce que, forcément, il y en a au moins un. Ensuite, étudiez et analysez ce moyen. Pour certaines personnes, ce sera le jeu, pour d'autres l'alcool, le magasinage compulsif, etc. Le moyen utilisé pour compenser une sexualité frustrée n'est qu'un camouflage émotionnel et il ne peut que conduire à des états dépressifs. Si vous n'avez pas pris conscience à temps de ce manque, vous risquez fort de ne pas comprendre les causes profondes de votre état lorsque vous sombrerez dans l'angoisse, la colère ou la haine.

COMBATTRE L'INTOLÉRANCE

«Nul n'a le droit de juger qui que ce soit» est un autre des grands enseignements de la Bible, et pourtant que les gens sont prompts à juger et à médire de leur prochain!

Le jugement qu'une personne porte sur une autre est une marque d'intolérance de la première à l'égard d'un comportement adopté par la seconde. Le problème, c'est que la personne intolérante ne supporte pas que quelqu'un pense autrement qu'elle ou entretienne des valeurs morales différentes des siennes.

Accéder à la liberté, à sa véritable personnalité, c'est aussi permettre aux autres d'accéder à la leur. Ne tombez pas dans le piège de la calomnie et du dénigrement. Adoptez plutôt l'adage populaire qui dit qu'il faut «vivre et laisser vivre». Après tout, de quel droit une personne ose-t-elle en juger une autre? Qui sommes-nous pour s'arroger le droit de porter un regard scrutateur sur autrui et de décréter que son attitude, ses gestes, ses paroles, ses actions sont dérogatoires? Dérogatoires par rapport à quoi? Nul ne possède *la* vérité. Chacun cultive *sa* vérité.

VAINCRE L'APITOIEMENT

Je suis conscient qu'une courte séance d'apitoiement sur soi a occasionnellement, sur certaines personnes, un effet salutaire. Il s'agit le plus souvent d'une bonne crise de larmes ou d'un défoulement verbal qui permet d'évacuer le trop-plein de stress, de frustration et de tension. Généralement, ceux qui en sont la proie se remettent vite d'aplomb en prenant conscience qu'ils sont en train de se plaindre alors qu'il y aurait tant à faire!

L'apitoiement sur soi dont je veux parler ici est celui que nous font subir les victimes permanentes, celles qui tentent à grand renfort de plaintes et de jérémiades, de soupirs et de gémissements, d'attirer sur eux la bienveillance, l'indulgence et la sympathie d'autrui.

Pour de nombreux spécialistes en la matière, l'apitoiement sur soi est une de plus grandes, sinon la plus grande forme d'égoïsme qui soit. La personne qui se rend coupable de cet autoattendrissement est celle dont le développement émotionnel a été stoppé à un quelconque moment de son évolution. Elle se laisse envahir, submerger et démolir par les plus petits détails de la vie quotidienne; elle leur accorde une importance démesurée et les rend responsables de son piètre état.

Exemple

Dans un bar, 2 h du matin. Un client passablement éméché renverse son verre de bière sur Gilbert, qui agit comme une victime permanente. Plutôt que de se dire que ce sont des choses qui arrivent, il se met à chialer comme un veau et à demander: «Pourquoi est-ce que c'est toujours à moi que ça arrive, ces choses-là?»

Pour Gilbert, la bière renversée sur lui n'est pas un banal incident, fréquent dans les bars. C'est un coup du sort, une attaque du destin! Quand Gilbert reçoit une mauvaise nouvelle, il s'effondre. Si quelqu'un lui demande ce qu'il a, il répond: «Tout va mal, comme d'habitude. Le destin s'acharne à me faire la vie dure.» Mais quand on creuse un peu, on s'aperçoit que si effectivement Gilbert a reçu une mauvaise nouvelle sur le plan financier, tout se porte comme un charme dans les autres secteurs de sa vie. Il a une gentille femme, un travail valorisant et payant et quelques bons amis. Gilbert aurait beaucoup plus d'amis s'il cessait un peu de se plaindre. Le problème des victimes permanentes, c'est qu'elles ne se rendent pas compte que leur comportement a toujours l'effet contraire à celui désiré. En général, les gens fuient ceux qui se plaignent continuellement et qui n'ont à offrir qu'une mine basse et un air de chien battu.

La victime permanente n'arrive plus à voir le bon côté des choses et le moindre désagrément prend l'ampleur d'un drame. Elle a perdu le sens des proportions et refuse d'accepter que les frustrations diverses font intrinsèquement partie de la condition humaine et qu'elle n'est pas la seule à les subir. Pour elle, ce qui lui arrive est toujours pire que ce qui arrive aux autres.

Veillez à être toujours attentif à vos réactions émotives et si, parfois, vous vous rendez compte que vous êtes en train de vous attendrir sur vous-même, de vous plaindre, bref, de vous apitoyer sur votre sort, redressez bien vite la barre de votre navire. Sachez n'accorder aux choses que l'importance qu'elles méritent, n'amplifiez pas les événements pour le simple plaisir de vous vautrer dans l'autocommisération, puisque ce genre de comportement ne fait que vous enfoncer davantage dans la noirceur et le mal-être.

Au contraire! Analysez les événements en leur accordant de justes proportions et attardez-vous à trouver des solutions plutôt que de rendre la vie responsable de la moindre peccadille. Par ailleurs, sachez apprécier tout ce qui vous arrive de bien et de bon. Consacrez aux bonnes choses de la vie et aux bonnes nouvelles autant de soin et d'attention que vous en accordez aux mauvaises. L'être humain a tendance à s'attarder beaucoup plus longtemps sur les coups durs, les revers et les échecs que sur les petites douceurs, les réussites et les bonnes nouvelles.

ÉVITER LA COMPARAISON

Un des buts de ce livre est de vous amener à prendre conscience que vous êtes une personne unique au monde, et accepter d'être la personne que vous devriez être est la seule chose qui devrait compter. Des «tout à fait comme vous», il n'y en a pas deux. Alors, cessez de vous comparer à votre meilleur ami, à vos parents, à vos enfants, à votre patron, à vos collègues de travail, etc.

Vous êtes du genre à penser sans cesse qu'un tel est meilleur que vous, qu'une telle paraît beaucoup mieux, que celui-là est décidément plus érudit et que vous n'arrivez pas à la cheville de celle-là? À partir de maintenant, si vous désirez devenir la personne que vous devriez être – la personne que vous *savez* être au fond de vous –, ça suffit!

Vous comparer aux autres ne vous procure strictement rien d'autre que de l'amertume et ne vous mène nulle part. Prenez conscience que les gens qui vous paraissent plus beaux, plus intelligents, plus éloquents, bref, plus doués que vous pensent peut-être la même chose de vous en vous regardant. De plus, pensez que ce que vous voyez ou percevez d'eux n'est peut-être pas la réalité. Pour peu qu'on s'en donne la peine, il est relativement facile de jeter de la poudre aux yeux aux autres en leur donnant l'impression d'être ce qu'au fond nous ne sommes pas du tout. N'y a-t-il pas un proverbe qui dit que «l'herbe est toujours plus verte chez le voisin»?

Laissez les autres à leur chemin respectif et suivez le vôtre. Arrêtez de vous diminuer! Ne tombez plus dans le piège de la comparaison.

Faites plutôt la liste de vos propres talents, de vos dons, de vos qualités. Ensuite seulement, s'il est une qualité qui vous fait défaut et dont vous aimeriez qu'elle figure sur votre liste personnelle, trouvez une personne qui, à vos yeux, possède cette qualité, prenez-la comme modèle et faites les efforts nécessaires pour la faire vôtre.

Dites-vous une fois pour toutes que vous êtes vous-même avec votre personnalité et votre lot de qualités et de défauts; il faut cultiver et promouvoir les premières et faire tout ce qui est en votre possible pour vous débarrasser des seconds.

COMBATTRE LA RÉSIGNATION

Vous avez vécu une période extrêmement difficile, vous avez subi un revers par-dessus un autre et vous en avez ras le bol de vous battre et de vous débattre? Ne vous résignez pas! Ne vous résignez *jamais*! La résignation est le premier pas vers la mort. Vous n'avez pas le droit de vous résigner. La succession de revers que vous avez subis était sans doute destinée à éprouver votre force, votre volonté et votre foi. Qui sait ce qui vous guette maintenant au tournant? Encore un tout petit pas, un tout petit effort, et vous y serez peut-être à ce bonheur tant espéré.

Se résigner, c'est démissionner, abdiquer, accepter de se soumettre aux aléas de la vie, les subir sans réagir. Dans un certain sens, la résignation ressemble à l'apitoiement sur soi. Bien sûr, il y a la fatigue réelle de la vie, l'épuisement et le désespoir devant ce qui nous paraît inéluctable, mais rien de tout cela n'est insurmontable. Vous n'avez sans doute pas encore découvert le but de votre vie, votre mission. Cherchez encore, cherchez toujours, puisez au fond de vous, ressourcez-vous à ces idées que vous vous faites de la personne que vous devriez être et vous constaterez inévitablement que jamais celle-ci ne plierait l'échine, qu'elle est au contraire une gagnante — que *vous* êtes un gagnant.

Chapitre 6

LIBÉREZ-VOUS DES EXUTOIRES!

Si vous faites partie de ces gens qui vivent (et subissent) un ou plusieurs états décrits au chapitre 4 ou que vous êtes conscient que vous adoptez ponctuellement un ou plusieurs des comportement décrits au chapitre 5, alors vous n'êtes pas, de façon générale, particulièrement bien dans votre peau. Mais en le reconnaissant, vous avez fait le premier pas pour devenir la personne que vous devriez être. Avant de pouvoir vous afficher comme la personne que vous sentez être, mais qui vous a échappé à un moment de votre vie ou qui vous échappe peut-être encore, vous devez prendre conscience de ces travers qui vous empêchent de vous affirmer; au nombre de ceux-là, il y a les exutoires. En effet, les gens qui ne sont pas bien dans leur peau ont besoin d'un exutoire, d'un dérivatif qui leur permette de détourner leur esprit de leurs préoccupations, de leurs problèmes, de leurs angoisses.

Cependant, si l'exutoire est occasionnellement d'un grand secours pour une personne en détresse provisoire ou en état dépressif passager et qu'il s'agit d'une mesure exceptionnelle, il est par ailleurs un piège dangereux lorsqu'il devient la seule solution possible et imaginable chaque fois que quelque chose ne va pas dans le sens voulu.

Le problème de l'exutoire, c'est qu'il *donne l'impression* d'apporter le soulagement. En réalité, il ne fait que mettre momentanément du baume sur la plaie. L'exutoire n'est qu'un camouflage, un maquillage, parfois adroit, parfois grossier, mais qui ne fait que dissimuler le mal sans jamais le faire disparaître.

On pourrait dire qu'il est une sorte de paradis artificiel dans lequel la personne mal dans sa peau s'évade afin d'oublier qu'elle voudrait être quelqu'un d'autre. Mais l'évasion ne dure que le temps que luit le soleil de ce paradis factice. Tout est toujours à recommencer, et le mal persiste et perdure.

LES COMPULSIONS

La compulsion est l'impossibilité de ne *pas* accomplir un acte parce qu'on sait que son non-accomplissement sera générateur d'angoisse ou de culpabilité, et ce, même si on désapprouve ou condamne l'acte en question. En ce sens, toute action qui risque de générer de l'angoisse si elle n'est pas accomplie, et qu'on accomplit parfois contre notre gré, est considérée comme une compulsion.

À la limite, on pourrait dire qu'il existe autant de compulsions potentielles qu'il existe d'actions et d'acteurs. Cependant, certaines sont plus fréquentes que d'autres. Mon but n'est pas de vous décrire ici chacune de ces pathologies avec ses symptômes et ses traitements, mais plutôt de vous amener à réfléchir sur vous et votre situation afin de déterminer si vous souffrez ou non d'une de ces compulsions. Si tel était le cas, sachez qu'il y a là le premier frein, et non le moindre, à votre désir de devenir la personne que vous voudriez être. D'ailleurs, est-ce que la personne que vous désireriez être souhaiterait, elle, vivre de tels états? Certes non!

Alors, si les descriptions suivantes vous permettent de prendre conscience de vos carences, elles vous permettront aussi de faire les premiers pas pour les vaincre afin d'atteindre le but que vous vous êtes fixé: devenir la personne que vous devriez être.

LES COMPULSIONS ALIMENTAIRES

Il existe deux grands types de compulsion alimentaire: l'anorexie et la boulimie. L'anorexique se prive volontairement et assidûment de nourriture, privation pouvant aller jusqu'à entraîner la mort. La personne anorexique a beau être maigre à faire peur, elle se trouvera toujours trop grosse. La personne boulimique, quant à elle, vit et subit des rages de faim telles qu'elle peut ingurgiter une quantité énorme de nourriture en un laps de temps très court. Les rages surgissent en un instant et exigent d'être assouvies immédiatement. Ces périodes surviennent le plus souvent lorsque la personne qui souffre de cette compulsion est en période de grande tension.

Anorexie et boulimie sont incontestablement liées à un grave manque d'estime de soi. Leurs principales manifestations, tantôt chez l'anorexique, tantôt chez la boulimique, sont:

- une obsession du poids;
- une obsession de la nourriture;

- une perception altérée de l'image corporelle;
- l'autoimposition d'exercices physiques et de diètes très stricts;
- une répugnance marquée à manger devant qui que ce soit;
- une tendance à l'humeur dépressive;
- un douloureux et brûlant sentiment de culpabilité (un sentiment accru lorsqu'il y a consommation de nourriture).

Anorexiques ou boulimiques, les victimes usent de laxatifs, de diurétiques et de purges, ou se font vomir afin de rejeter la nourriture avalée avant qu'elle soit digérée.

Ces deux types de compulsion alimentaire exigent des soins médicaux. Si vous croyez souffrir de l'une ou de l'autre, n'hésitez pas à en parler à votre médecin ou à un psychologue. Consultez une personne de confiance. Le plus difficile est sans doute de faire le premier pas. Ensuite, laissez-vous faire. Acceptez de voir en vous, de partir à la recherche des événements qui vous ont conduit à vous suicider à petit feu.

LE JEU

De nos jours, le jeu – avec le travail – est sans doute une des compulsions les plus fréquentes. Outre les casinos et les billets de loterie dans lesquels des milliers de personnes engloutissent leur argent, il y a les machines à poker qu'on peut maintenant trouver à peu près partout. Il n'est pas rare de voir une personne prendre place devant une de ces machines et y passer toute la journée ou la soirée, effleurant sans relâche les touches prometteuses mais ô combien ruineuses!

Le joueur compulsif est chaque fois convaincu que «cette fois-ci, c'est la bonne». Il est incapable de s'arrêter de jouer, c'est plus fort que lui.

Pour vivre sa compulsion, le joueur, qui est véritablement prisonnier d'un engrenage infernal, n'hésitera pas à mentir, à miser l'argent du loyer ou celui du compte d'électricité, à emprunter sous de fallacieux prétextes, à vendre ses biens, à voler même pour assouvir son irrépressible besoin.

LE TRAVAIL

On appelle ergomane (*workaholic* en anglais) le travailleur compulsif. Depuis l'avènement de l'ère de la performance, les ergomanes se sont multipliés et ont proliféré à la vitesse de l'éclair.

Pour l'ergomane, les mots d'ordre sont: rendement, efficacité, productivité et performance. Tout ce qui n'est pas relié au travail n'a guère, voire pas du tout d'importance.

L'ergomane a généralement (quand il en a une!) une vie sociale très pauvre; il n'entretient que des amitiés liées au travail, ne vit que pour le travail et ne pense qu'au travail, et ce, au détriment de sa famille, de son conjoint, de ses enfants. Les mots «vacances», «loisirs», «repos» et «détente» ne font pas partie de son vocabulaire.

Parce qu'il est constamment branché sur son travail, l'ergomane sème l'affliction chez les personnes qui l'aiment et dont il semble se soucier comme de sa première chaussette.

LE GOÛT DU RISQUE

On parlera du goût du risque en tant que compulsion ou pathologie quand donner un sens à sa vie implique systématiquement qu'il faille la mettre en danger, risquer de la perdre. «[...] le problème s'inscrit dans une société en quête permanente de rentabilité et de progrès, une société où tout va trop vite, qui refuse toute interrogation et toute notion d'échec. Cinéma, télévision, publicité, presse encouragent cette culture du risque et de la performance.[1]»

S'il est établi qu'on trouve beaucoup d'accros du risque chez les adolescents, il faut par ailleurs préciser qu'on en trouve aussi beaucoup chez les adultes, jeunes et moins jeunes.

De nombreuses raisons poussent les gens à mettre leur vie en péril juste pour le plaisir de ressentir les effets foudroyants de l'adrénaline et l'incomparable frisson de l'effroi devant le danger. Les casse-cou sont des gens qui, pour se soustraire à la monotonie du quotidien ou pour combler le vide de leur existence, sont prêts à jouer celle-ci, afin de lui donner un sens, ne serait-ce que pour un court instant.

Par ailleurs, certains de ces risque-tout le font pour être admirés, pour entendre les gens qu'ils aimeraient impressionner s'extasier devant leur témérité et trembler devant leur imprudence.

Le goût et le besoin du risque perdurent tant que l'accro n'a pas trouvé un sens véritable à sa vie. En attendant, ses besoins croissent et les défis qu'il se lance à lui-même, afin de se procurer sa dose d'émotions fortes, sont de plus en plus hasardeux et redoutables.

---

1. David le Breton, *Les passions du risque*, Paris, Éditions Métailié, 1991.

LA SEXUALITÉ

Les manifestations de la sexualité compulsive sont:

- une envie permanente d'accomplir le coït;
- une exagération pathologique des désirs sexuels;
- des épisodes très fréquents (plusieurs fois par jour) de masturbation;
- le visionnement assidu, excessif, immodéré de films pornos;
- le recrutement ponctuel de prostitué(e)s;
- une attirance marquée pour toutes les formes de jeux sexuels;
- des déviations sexuelles comme l'exhibitionnisme, le sadomasochisme, le voyeurisme, etc.;
- un goût prononcé pour la débauche.

Bien sûr, il existe d'autres types de compulsions comme celle du magasinage ou du ménage. À l'instar des compulsions alimentaires, les autres compulsions nécessitent la consultation d'un spécialiste de la santé qui saura vous donner les moyens de trouver la cause de ces actions compulsives et vous orienter sur le chemin de la guérison.

LA TOXICOMANIE

La toxicomanie, nous dit le dictionnaire, est un «état d'intoxication engendré par la prise répétée de substances toxiques créant un état de dépendance psychique et physique à l'égard de ses effets».

«[...] la toxicomanie s'inscrit dans un contexte de malaise social, de crise des valeurs, d'inégalité des chances et d'individualisme; elle est étroitement associée à de nombreux autres problèmes qui affectent des individus et des groupes dans la société québécoise: détresse psychologique, dégradation de la qualité de vie, pauvreté, criminalité, montée du chômage, maladie, violence conjugale, négligence parentale, abus physiques, suicides et accidents de la route.[2]»

Le toxicomane est un individu qui consomme régulièrement des substances dites psychotropes, c'est-à-dire des produits destinés à stimuler le plaisir (directement ou indirectement) en agissant sur le psychisme. Les principales manifestations de la consommation de ces substances sont l'altération de la conscience, de la perception sensorielle, de l'humeur et de la personnalité.

On parle de toxicomanie lorsqu'il y a une accoutumance à des drogues (marijuana, cocaïne, etc.), à l'alcool ou aux médicaments (somnifères, antianxiolitiques, etc.).

«La toxicomanie est une problématique multidimensionnelle parce qu'elle a des répercussions sur la santé physique et mentale des individus, sur leur vie économique et sociale et, dans certains cas, parce qu'ils sont susceptibles de faire face à la justice. Elle est aussi multidimensionnelle parce qu'elle présente plusieurs causes et plusieurs conséquences, qu'elle touche plusieurs facettes de la vie de l'individu et de son entourage et qu'elle affecte l'équilibre psychique de la personne; elle interfère sur la qualité de vie de ses relations interpersonnelles, c'est-à-dire dans ses rôles de conjoint, de parent, de frère, de sœur, de fils, de fille, d'employé, d'employeur, de citoyen, etc.[3]»

---

2. et 3. Comité permanent de lutte à la toxicomanie, *La toxicomanie au Québec: des inquiétudes à l'action*, décembre 1996.

Les substances psychotropes permettent de fuir, d'anesthésier, d'insensibiliser, d'engourdir momentanément le corps et l'esprit du consommateur, faisant taire ainsi toutes les douleurs, physiques et psychiques, qui peuvent s'y loger.

Comme l'effet n'a qu'une durée limitée, le mal à l'origine du besoin d'évasion (angoisse, culpabilité, mal de vivre, désespoir) revient ponctuellement visiter le dépendant, exigeant pour se faire oublier de nouveau sa dose de plaisir en comprimé, en bouteille, en poudre ou en seringue.

Pour être capable d'arrêter de consommer, il faut que le dépendant trouve d'abord la cause de sa toxicomanie; qu'il tente de savoir quel est le rôle que remplit la drogue, l'alcool ou le médicament.

Retenez que les états dépressifs, les comportements négatifs, les obsessions-compulsions et les toxicomanies sont tous interreliés. Est-ce que je bois parce que je suis angoissé ou est-ce que mon angoisse provient du fait que je suis incapable de m'empêcher de boire?

Pourquoi est-ce que le joueur compulsif passe ses soirées à jouer dans des machines à poker, à dilapider tout son argent? Derrière le rêve de gros lot, que se cache-t-il? Est-il frustré sexuellement? complexé? Subit-il, ailleurs, des rejets affectifs? Qu'est-ce qu'il essaie d'oublier en s'évadant ainsi? Et ce qu'il essaie d'oublier, est-ce la cause ou l'effet de sa compulsion?

Il y a tant de questions et tant de réponses possibles. Outre les cas les plus graves, je pense que le meilleur thérapeute pour vous aider à vous sortir de tous ces états négatifs est vous-même. Vous êtes sans aucun doute pour vous le meilleur médecin-psychologue qui soit! Il suffit de croire suffisamment en vous et en vos pouvoirs et de mettre suffisamment de bonne volonté et de bonne foi dans les démarches que vous entreprendrez pour réapprendre à vous connaître, à vous aimer et à vous donner les chances qu'il faut pour devenir la personne que vous devez être. Vous le savez: la personne que vous savez être au plus profond de vous a su vaincre ses problèmes et, mieux encore, a su s'affirmer sainement.

Chapitre 7

LA CONFIANCE EN SOI ET L'ESTIME DE SOI

Avant de vous offrir mon coffret de solutions et de trucs pratiques, j'aimerais attirer votre attention sur le fait que s'il peut y avoir de nombreuses causes aux états et aux comportements dont j'ai parlé jusqu'ici, deux reviennent le plus souvent: le manque de confiance en soi et la piètre estime de soi.

J'attire particulièrement votre attention sur l'importance de ces deux aspects de votre personnalité, car vous devez vous assurer avant toute chose de rectifier le regard que vous portez sur vous-même, sinon vous courez vers l'échec.

La confiance en soi est un sentiment qui fait que l'on sait pouvoir se fier à soi-même, à ses talents, à son jugement. À l'inverse, l'absence de confiance en soi rend les gens inquiets et les fait vivre dans la peur constante de ne pas savoir agir ou réagir, de ne pas savoir dire les choses, de faire des bêtises, de se rendre ridicules, etc.

En général, les gens qui n'ont pas confiance en eux ont une impressionnante brochette d'excuses pour ne pas agir, pour ne pas réaliser leurs rêves, pour ne pas concrétiser leurs projets, pour ne pas s'afficher comme elles voudraient être, de peur qu'on ne se moque d'eux.

L'estime de soi, quant à elle, est l'opinion qu'une personne a d'elle-même, de ses mérites, de sa valeur. Celle qui n'a pas d'estime d'elle-même n'a que du mépris pour elle-même et a renoncé à tous ses rêves parce qu'elle est convaincue de n'être qu'une ratée, une incompétente.

Sans estime de soi, reconnaissons-le, la vie semble n'être qu'une vaste supercherie: elle ne rime à rien et ne mène nulle part.

Le manque d'estime de soi rend les individus incapables de prendre la moindre décision, convaincus d'être des échecs ambulants. Ils se retrouvent généralement sous le joug et le contrôle des autres.

Le manque ou l'absence de confiance en soi ou d'estime de soi engendre toujours un mal-être aigu, un mal de vivre douloureux, un mal à l'âme déchirant. Rares sont les personnes dont la confiance en soi et l'estime de soi ne sont jamais ébranlées, ne serait-ce qu'un tout petit peu. Et c'est normal. Cependant, quand cela devient un état permanent, il faut agir!

QUELQUES CONSEILS

- Apprenez à vous affirmer. Commencez tout doucement, par des petites choses.
- N'hésitez plus à donner votre opinion, même si elle est différente de celle des autres. Au début, si vous

avez habitué votre entourage à être un béni-oui-oui, il est évident que vous aurez droit à des regards ahuris. Mais vous vous rendrez rapidement compte que votre attitude nouvelle plaira à ceux qui vous aiment.

- De grâce, cessez de vous diminuer vous-même, de vous discréditer sans cesse.
- Apprenez à reconnaître votre valeur et vos mérites. Tout le monde a des talents, des dons, des compétences. Étudiez les vôtres et utilisez-les à bon escient.
- Refusez désormais, si tel a été votre comportement jusqu'à maintenant, de jouer le rôle de la personne qui n'a jamais rien à dire, jamais rien à faire, est toujours disponible pour accomplir n'importe quoi pour n'importe qui.
- Refusez désormais, si tel a été votre comportement jusqu'à maintenant, de jouer le rôle du bon à rien, de la personne qu'on peut se permettre d'ignorer puisqu'elle affirme elle-même n'être rien du tout.
- Décidez aujourd'hui même de devenir la personne que vous avez toujours voulu être et souvenez-vous que *tous* les êtres humains (oui, vous aussi!) ont en eux tous les outils nécessaires pour gravir la montagne qui mène à la liberté. Il suffit d'avoir la volonté de le faire.

Chapitre 8

TRUCS PRATIQUES

Angoisse, colère, culpabilité, haine, peur, jalousie; mensonge, apitoiement, démission, compulsion, toxicomanie, voilà beaucoup de matière à réflexion!

Il n'y a pas, vous le savez tout aussi bien que moi, de solution miracle. Trouver la paix et le bonheur, devenir la personne que l'on devrait être, est sans doute le rêve de tous les êtres humains. Alors, pourquoi, direz-vous, y a-t-il si peu de gens qui semblent heureux? J'aurais envie de vous répondre: «Parce que les gens heureux n'ont pas d'histoire» et que l'on en entend parler seulement lorsque l'on a traversé le grand mur de l'ignorance et de la paresse.

Dès que vous aurez commencé à faire des efforts pour vaincre vos états dépressifs, pour mettre un terme à ces comportements négatifs et nuisibles pour vous, alors vous rencontrerez de ces personnes heureuses qui vous donneront un coup de pouce et vous prodigueront quelques bons conseils les jours où vous aurez envie de tout abandonner.

Il ne suffit pas, bien que ce soit déjà un bon premier pas, d'être conscient d'avoir des choses à changer en soi;

il faut ensuite agir, bouger, faire des gestes conséquents, destinés à concrétiser les changements.

Si je dis: «Je suis une personne qui se sent perpétuellement coupable de tout. Cela me rend malade et cela finit par indisposer royalement tous les gens qui circulent dans mon entourage. À cause de cette tendance à la culpabilité, j'ai du mal à maintenir des relations amoureuses harmonieuses» et que je passe à autre chose sans prendre la moindre décision positive quant à cet état, alors je ne dois attendre aucun résultat positif de cette prise de conscience.

Se rendre compte qu'il y a des aspects de moi qui ne me conviennent pas et qui devraient être révisés ou transformés est une chose; agir pour que cela change en est une autre. Et c'est là, je crois, que se mesure le véritable courage. Car, ne nous cachons pas la vérité, s'il faut du courage pour admettre qu'on est en quelque sorte un être dysfonctionnel, que nous ne sommes pas ce que nous voudrions être, il en faut encore davantage pour faire en sorte que cela change.

Les solutions que je vous propose ici sont applicables à peu près à tous les problèmes, états et comportements dont j'ai parlé jusqu'à maintenant. En outre, je reviens occasionnellement sur la liste des comportements à proscrire, car il est essentiel que vous appreniez à vous en défaire.

En regard de ce qui précède, vous aurez compris que les indications et les recommandations que je vous suggère sont essentiellement des règles de vie, applicables en tous lieux et en toutes circonstances. Il s'agit en quelque sorte d'une boîte à outils dans laquelle vous pourrez venir fouiller et puiser quand le besoin s'en fera sentir, afin de vous rafraîchir la mémoire.

VOUS

- Gardez toujours à l'esprit que vous êtes unique et que vous avez quelque chose à accomplir sur terre.
- Plutôt que de passer du temps à vous dénigrer et à vous discréditer, à vos yeux et aux yeux des autres, utilisez-le pour trouver vos forces et pour découvrir votre valeur.
- Cessez de vous croire obligé de cacher vos moindres défauts.
- N'étalez pas vos qualités ou votre culture. Vous savez ce dont vous êtes capable, laissez les autres le découvrir.
- Ne justifiez pas constamment vos actions et vos paroles, mais réfléchissez plutôt avant de les faire et de les dire afin qu'elles ne blessent personne.
- Ne tolérez d'aucune manière qu'on vous fasse la morale, et vice versa. Faire la morale est une forme de manipulation. Ne soyez jamais ni le manipulateur ni le manipulé.
- Agissez toujours selon votre conscience, mais ne vous laissez plus guider, dans vos décisions, par les autres.
- Votre premier devoir, envers vous-même, est de viser l'authenticité.
- Cessez de vous comparer aux autres. Relisez souvent ces mots de Montesquieu: «Si on ne voulait qu'être heureux, ça serait bientôt fait. Mais on veut

être plus heureux que les autres et cela est presque toujours difficile parce que nous croyons les autres plus heureux qu'ils ne sont.» Soyez plutôt reconnaissant au ciel d'être ce que vous êtes, puisque vous êtes unique.

- Vous êtes responsable de l'estime que les autres ont de vous. Nous l'avons vu précédemment, le monde ne vous estime jamais plus que vous ne le faites vous-même.

- Vivez le moment présent. On a tous lu, vu ou entendu ces mots, mais... qui le fait vraiment? Horace, ce poète latin qui a vécu en l'an 65 av. J.-C. et réputé pour être le modèle des vertus classiques d'équilibre et de mesure, a dit: «Si nous sommes dans la joie, gardons-nous de porter nos pensées au-delà du présent.»

- Le bonheur n'est pas un but en soi; il est une *récompense* que vous recevez dès que vous vous libérez des entraves (états dépressifs, comportements négatifs, idées préconçues) qui bloquent votre évolution et qui vous empêchent d'être vraiment la personne que vous devriez être.

- N'ayez pas peur, quand cela s'impose et au nom de votre liberté, de vous rebeller devant les gens qui voudraient vous voir faire ou dire quelque chose dont vous n'avez pas envie.

- Cultivez les états positifs comme l'altruisme, l'empathie, l'autonomie, la créativité, la combativité, l'enthousiasme, la foi, la volonté, la franchise, l'intégrité, la sagesse, la spiritualité.

- Devant vos actions/réactions, agissez et réagissez comme vous le feriez pour votre meilleur ami. Soyez sincère et franc, sévère mais non impitoyable et dur, soyez exigeant mais sans excès, et pardonnez-vous vos erreurs. Soyez vous-même votre meilleur ami.
- Apprenez à vous responsabiliser. Ne rejetez plus jamais sur autrui la responsabilité de vos états émotifs, de vos fautes et de vos échecs. Assumez-vous! Assumez vos propres responsabilités. Assumez toujours, pour rester en équilibre, la conséquence de vos actes. La sincérité envers soi est toujours le gage d'une récolte abondante.
- Réapprenez à dire non quand vous pensez non. Ne faites plus les choses pour faire plaisir aux autres. Vous êtes qui vous êtes. Exigez qu'on vous respecte dans vos droits, vos besoins, vos désirs, et faites de même pour les autres.
- Travailler à demeurer toujours soi-même est le meilleur gage de longévité. «Le moi profond reste le meilleur des masques antirides», a écrit Marcel Proust.
- Ne soyez pas excessivement exigeant pour vous. Une attitude trop rigide risque fort de vous faire rater de belles occasions.
- Débarrassez-vous de toutes vos idées préconçues en sachant d'abord les reconnaître et en prenant ensuite les mesures qui s'imposent pour rectifier votre jugement. Les idées préconçues sont des obstacles à abattre afin de poursuivre harmonieusement votre évolution.
- Cessez de chercher des gratifications dans le seul plaisir des sens et visez plutôt les gratifications de

niveau supérieur, celles que vous recevez en devenant vous-même, chaque jour, un peu plus libre.

- Fuyez les paradis artificiels, ceux qui ne vous procurent que des sensations momentanées de bien-être.
- Ne comptez jamais sur les autres (parents, enfants, amis, conjoint) pour régler vos conflits intérieurs. Ils n'appartiennent qu'à vous et vous seul êtes en mesure de les régler. Compter sur les autres ne fait qu'accroître le sentiment de mal-être.
- Plus vous serez heureux, plus vous rendrez les gens heureux autour de vous.
- Plus vous vivrez selon un équilibre harmonieux, plus vous favoriserez, par l'exemple, l'accession des autres à cet équilibre.

VOTRE CORPS

- Votre corps est votre véhicule. Il a droit à tous vos égards. Ne le négligez pas, car il a une mécanique fragile. Ne le bousculez pas et ne le gavez pas de substances toxiques.
- Trouvez des moyens adaptés à vous afin de réduire les tensions de votre corps.
- Pratiquez régulièrement, dans la solitude et le silence, une technique de relaxation, de méditation, de visualisation afin de vous régénérer et de vous ressourcer.
- Faites de l'exercice, du sport. Visez «un esprit sain dans un corps sain».
- Une alimentation saine et équilibrée (ce qui ne veut pas nécessairement dire maigre et végétarienne) est

essentielle au bon fonctionnement de votre organisme, tant sur le plan physique que sur le plan psychique.

VOS PASSIONS

- Donnez-vous le droit, vous en avez le *devoir*, de vivre vos passions sans souci du qu'en-dira-t-on.
- Donnez le droit à vos dons, à vos talents, à vos capacités de s'épanouir librement.
- Ne laissez personne saboter vos rêves et vos projets.
- Ne laissez pas les doutes s'emparer constamment de votre âme et mettre en charpie vos desseins les plus beaux et les plus grands.
- Pour vivre votre passion, pour accomplir votre mission et pour trouver le bonheur, pensez grand, voyez loin et visez haut, mais ne laissez jamais l'appât du gain guider vos pas et vous perdre en cours de route.
- Ne vous laissez pas prendre au piège de la course à la performance. Faites ce que vous avez envie de faire en tenant compte de vos passions et de vos désirs et en étant à l'écoute de votre fantaisie et de votre imagination. Ne faites pas d'actions destinées à impressionner et ne dirigez pas vos pas en suivant la boussole financière.

LES AUTRES

- Abstenez-vous de juger et de condamner les autres. Vivre correctement sa vie est déjà un défi de taille.

Alors, laissez les autres vivre la leur comme ils l'entendent. Toutefois, ne les laissez pas jouer dans vos plates-bandes si leurs valeurs sont différentes des vôtres. Juger ou condamner les autres, c'est devoir s'attendre à ce qu'on fasse de même pour nous.

- Apprendre à pardonner est sans doute un des plus beaux cadeaux qu'une personne puisse se faire à elle-même. Grâce au pardon, vous vous tenez à l'écart de la rancune, de la rancœur, du ressentiment, de la colère, de la haine, etc.
- Dans toutes vos relations avec les autres, particulièrement dans les relations affectives et amoureuses, assurez-vous de combler toujours vos besoins, d'assumer vos envies, d'entretenir et de nourrir vos projets, d'avoir vos activités, vos amis, vos loisirs, même si ceux-ci sont différents de ceux des êtres que vous aimez.
- Plus vous serez libre, plus les membres de votre entourage le seront eux-mêmes.
- Dans votre quête de liberté, assurez-vous de ne jamais léser la liberté des autres.

LES FRÉQUENTATIONS

- Fuyez les gens qui vivent dans la peur, car elle est aussi contagieuse que la peste.
- Prenez vos jambes à votre cou devant les manipulateurs, les oppressés, les avaleurs d'énergie, les «taches», ceux qui violent votre bulle d'intimité, les malades imaginaires, les victimes permanentes, les perdants perpétuels, les hyperconformistes, les déprimés, les

ennemis du progrès, ceux pour qui tout paraît toujours impossible et utopique, ceux qui, par leurs comportements et leurs attitudes, minent votre courage et votre énergie, ceux qui démolissent vos efforts de leurs griffes acérées, les frustrés, les jaloux. Bref, fuyez tous les gens qui, de près ou de loin, sont des empêcheurs de tourner en rond. «Il faut toujours aller de l'avant et ne pas se laisser décourager par les empêcheurs de tourner en rond et par ceux qui broient du noir», a dit Pierre Péladeau, fondateur de l'empire Quebecor.

- Recherchez et cultivez les relations avec les gens heureux, ceux qui irradient, ceux qui, par leur seule présence, vous insufflent de l'énergie et de la chaleur, les mentors, les guides spirituels, les sages, les gens positifs, ceux qui n'ont pas besoin de faire de vagues pour attirer l'attention, les gens lumineux, réfléchis, les contemplatifs, les créateurs, les entrepreneurs, les gens loyaux et authentiques, ceux qui n'éprouvent pas le besoin de se masquer le visage pour plaire, être aimés, appréciés, estimés.

LES MASQUES

- Quand feindre est devenu une seconde nature, il est plus ardu de se retrouver soi-même, de faire la différence entre ce que nous sommes par essence et ce que nous sommes devenus pour plaire.
- Ne vous déguisez plus. Vous n'avez pas besoin de déguisement. Endossez votre propre habit et apprenez à évoluer avec lui.

- «Le bonheur, c'est d'être heureux; ce n'est pas de faire croire aux autres qu'on l'est», a dit Jules Renard.
- Votre vrai visage sera toujours plus beau que le masque dont vous le couvrirez.
- Privilégiez toujours l'être plutôt que le paraître.
- N'acceptez jamais de n'être qu'une pâle copie de ce que vous êtes vraiment pour faire plaisir aux autres.

POUR LA PLUPART DES ÉTATS

- N'accordez d'importance qu'à ce qui en a vraiment et apprenez à relativiser cette importance. Antonine Maillet, une écrivaine acadienne, a dit qu'avec les années, elle avait développé un truc qui consiste à se demander, chaque fois que survient un événement contrariant, quelle importance le souvenir de cet événement aura dans trois jours, deux semaines, un mois, six mois, un an ou plus. Ce questionnement permet justement de relativiser l'importance qu'on a tendance à accorder aux choses et aux événements qui, au fond, ne méritent pas qu'on s'y attarde. Commencez dès maintenant à faire comme Mme Maillet. Ne gaspillez plus votre précieuse énergie pour des bagatelles.
- Donnez-vous le droit de vous tromper. L'erreur est humaine. Ce qui importe n'est pas de se tromper, mais bien de répéter deux fois la même erreur.
- Apprenez de vos erreurs. Plutôt que de vous plaindre ou de vous apitoyer sur votre sort, prenez d'abord un peu de recul par rapport aux événements, étudiez soigneusement la situation et trouvez

à quel endroit vous avez fait l'erreur ou les erreurs qui ont occasionné la débandade. Avec ces éléments en main, vous serez alors équipé pour repartir de plus belle.

- Chaque échec comporte en lui le germe d'une victoire. Cependant, ce n'est pas en chialant que vous le découvrirez.
- Ne craignez pas d'aller au fond de votre détresse. Ce n'est que lorsque vous serez allé au bout de vous-même dans la recherche de la vérité que vous pourrez enfin devenir un être libre, dans tous les sens du mot.
- Ne cherchez pas constamment à recevoir l'approbation des autres. Faites ce qui vous semble bon à vous, pour vous, mais toujours dans le respect d'autrui. N'oubliez jamais qu'on ne peut pas plaire à tout le monde.
- N'hésitez pas à recourir à la prière quand les choses se présentent mal pour vous. Cependant, ne faites pas que demander et prendre. Veillez à remercier aussi.

L'ANGOISSE/L'ANXIÉTÉ

- Arrêtez de vouloir toujours paraître parfait en tous points et en tout temps; vouloir être toujours digne d'admiration, bon, compatissant, généreux, à l'écoute des autres, brillant, travaillant, compétent, etc. La perfection n'existe pas, alors arrêtez de faire semblant.
- Quand vous ressentez une émotion négative, exprimez-la calmement. Ne refoulez plus les mots que vous avez envie de dire, mais faites-le avec respect.

- Ne craignez pas de demander de l'aide quand vous êtes aux prises avec l'angoisse ou l'anxiété. Vous n'avez pas à avoir honte d'être angoissé. C'est quand vous l'êtes et que vous faites semblant de ne pas l'être que vous devriez avoir honte.
- N'attendez pas des autres plus qu'ils ne sont en mesure de vous donner. Se fier constamment à autrui pour combler nos besoins et satisfaire nos envies est générateur d'angoisse. Soyez le seul responsable de votre vie.
- Arrêtez de vous sentir obligé de vous justifier et de rendre des comptes à tout propos. Vous êtes le capitaine de votre bateau et, à ce titre, seul maître à bord. Agissez toujours selon votre conscience et ne permettez à personne de vous dicter votre conduite.
- Refusez de vous laisser emprisonner dans le moule préfabriqué des soi-disant «bons citoyens». Ce moule est farci de préjugés. Coulez, à votre mesure et selon vos besoins, votre propre moule.
- Vous n'êtes jamais forcé d'être toujours d'accord avec tout le monde. Respectez l'opinion d'autrui, mais ne craignez jamais d'émettre la vôtre même si elle est contraire à celle de votre interlocuteur. Un interlocuteur intelligent et sage ne vous en voudra jamais d'amener un point de vue différent du sien.
- Ne soyez pas exagérément à l'écoute des autres. Ne vivez pas que pour satisfaire les besoins des gens que vous aimez. Accordez-vous la même importance que celle que vous accordez aux autres.
- Ne cultivez pas l'esprit de sacrifice, d'abnégation, de renoncement. Ces comportements sont destructeurs

et sont parmi les ferments les plus puissants de l'angoisse et de l'anxiété.

- Ne jouez pas à la personne parfaite qui n'est jamais en colère, jamais frustrée, jamais chagrinée. Vous êtes un être humain et, à ce titre, perfectible.
- Admettez la jalousie quand elle s'empare de vous; autorisez la colère à poindre à l'horizon, reconnaissez vos frustrations. Ce sont des sentiments légitimes et normaux. Cependant, dès que vous aurez trouvé la source du mal-être, n'y succombez pas. Restez maître de vos émotions et apprenez à les gérer. Réglez sur-le-champ toutes les situations problématiques.
- Ne refoulez pas vos émotions.
- N'acceptez plus d'être la personne qui dit toujours oui, qui est toujours disponible.
- Vivez dans le but de réaliser vos rêves et vos ambitions, et non pas dans le but de dépasser les autres et de prouver au monde entier que vous êtes le meilleur.

LA COLÈRE

- Favorisez un certain détachement par rapport aux comportements des autres. Renoncez à vouloir toujours tout contrôler et investissez plutôt votre énergie à vous contrôler vous-même.
- Favorisez la communication afin d'éviter d'être pris au piège des malentendus.
- Apprenez la tolérance à l'égard des frustrations inhérentes à la vie quotidienne.

- Plutôt que de gueuler, de hurler et de frapper, apprenez à exprimer, avec les mots, vos émotions, vos insatisfactions, votre mécontentement, votre déplaisir, votre mal-être.
- Quand se présentent les premiers symptômes de la colère ou de la rage, pensez immédiatement à ce gaspillage éhonté d'énergie.
- Débarrassez-vous le plus rapidement possible de ce besoin de vouloir toujours tout contrôler et que tout se passe comme vous seul l'avez décidé.
- Comme pour de nombreux autres états négatifs, cessez de vouloir faire porter aux autres la responsabilité de votre vie, de votre bonheur, de votre satisfaction, de votre bien-être.
- Votre façon d'aborder la vie, ses problèmes et ses tracas, fait de vous le seul et unique responsable de vos frustrations. Ce n'est pas en piquant des crises que vous réglerez vos conflits; c'est en parlant et en négociant de façon respectueuse et intelligente.
- Veillez toujours à reconnaître la cause de votre colère et évitez de vous défouler sur les mauvaises personnes.

LA CULPABILITÉ

- Acceptez de n'être pas parfait, mais faites toujours ce qui vous semble le mieux afin de pouvoir affirmer, à l'heure des reproches, qu'au moment de l'événement, vous avez fait tout ce qui était en votre pouvoir de faire avec les outils dont vous disposiez à ce moment-là.

- Cessez de vous croire responsable des émotions et des frustrations des autres. Chacun mène sa barque comme il l'entend. Menez la vôtre avec respect et sincérité et ne laissez personne vous accuser de n'être pas celui qu'il voudrait que vous soyez.
- N'exagérez pas à outrance l'aspect négatif des choses et des événements. Veillez à toujours vous en tenir aux faits et à la réalité.
- Ne niez pas le sentiment de culpabilité. Trouvez la cause, déterminez si ce sentiment est réel ou inventé et agissez en conséquence (voir à ce sujet le chapitre 4).
- Ne croyez pas que d'éprouver un sentiment de culpabilité suffise à vous excuser ou à restreindre vos responsabilités. Si vous êtes véritablement coupable de quelque chose, réglez le problème avec la personne concernée. Dans tous les autres cas, la culpabilité doit être maîtrisée, car elle est très pernicieuse. La culpabilité est une émotion aussi venimeuse pour l'âme que peut l'être la vipère pour le corps.
- Arrêtez de vous conduire comme si vous aviez à porter, sur vos épaules, tous les problèmes de l'univers.
- Prenez conscience que vous devez vivre pour vous, en fonction de vous, et non pas pour les autres et en fonction des autres.
- Sachez reconnaître les situations dans lesquelles vous êtes impuissant à faire quoi que ce soit.
- Ne faites pas aux autres ce que vous ne voulez pas que les autres vous fassent. En cas de conflit intérieur, discutez-en avec la personne concernée. Soyez toujours franc et honnête. Vous n'aimez pas qu'on

vous mente? Ne mentez pas aux autres. Cultivez la vérité.

- Ne vivez pas dans l'espoir que les autres vous donnent ce que vous attendez. Apprenez à vous occuper vous-même de vos besoins.
- En prenant de la vie ce qui vous revient, en prenant la place à laquelle vous avez droit, ne croyez pas que vous enleviez quoi que ce soit à qui que ce soit.

LA PEUR

- Tout le monde connaît, occasionnellement, la peur. Elle n'est pas synonyme d'absence de courage. Le courage prend sa place quand il s'agit d'affronter la peur, de la confondre et de s'en libérer.
- Le truc n'est pas d'éliminer ou d'ignorer la peur, mais bien de la dompter et de la vaincre.
- Pour vaincre la peur, il faut d'abord la reconnaître.
- Ne cédez pas à vos peurs. Affrontez-les non pas en vous y jetant tête première, mais en adoptant la théorie des petits pas.
- Soyez très à l'écoute de vous-même quand vous recherchez la cause d'une peur. Prenez d'abord du recul. N'agissez pas sous le coup de la peur, car elle fausse et affaiblit le jugement.
- La peur se présente généralement sous les traits d'un animal sauvage, mais souvenez-vous qu'il n'en tient qu'à vous de l'apprivoiser.

- N'oubliez jamais que le sentiment de peur est généralement plus dangereux en lui-même que l'objet de cette peur.
- Ne cédez pas à la peur, car c'est s'emprisonner soi-même dans un cercle vicieux dont il devient de plus en plus difficile de s'évader. La fuite devant ce qui vous semble menaçant nourrit votre peur, et chaque nouvelle fuite ne fait qu'accroître le réflexe de la peur. N'attendez pas d'être complètement paralysé devant tout ce qui bouge avant d'agir!
- Le choix d'être le vainqueur ou le vaincu dans un combat contre la peur n'appartient qu'à vous. Vous pouvez choisir de vous servir de vos peurs pour accroître votre force et votre volonté, comme vous pouvez choisir d'y céder et de la laisser devenir la maîtresse de votre vie.
- La meilleure manière de ne pas céder à la peur, c'est l'action. L'action transforme et fait grandir; l'inaction entraîne la stagnation.
- En période de peur, accordez votre attention et votre énergie physique et mentale à l'objectif poursuivi. En ne le quittant pas des yeux, en vous visualisant vainqueur, en savourant mentalement et à l'avance les fruits de la victoire, il n'y aura plus de place dans votre esprit et dans votre corps pour les émois de la peur.
- Dans les périodes où vous vivez la peur, ne laissez jamais votre raison céder le pas à votre imagination. L'imagination, en temps de peur, devient réellement la «folle du logis».

À MÉDITER

- «Quand on s'habitue à chercher son bien-être dans ses propres efforts, on s'élève dans sa propre opinion comme dans celle des autres.» (Robert Blondin)
- «Le plaisir n'est que le bonheur d'un point du corps. Le vrai bonheur, le seul bonheur, tout le bonheur est dans le bien-être de toute l'âme.» (Joseph Joubert)
- «Le bonheur, c'est de faire ce que l'on veut et de vouloir ce que l'on fait.» (Françoise Giroud)
- «Le bonheur c'est de continuer à désirer ce qu'on possède.» (Saint Augustin)
- «Manifester son bonheur est un devoir; être ouvertement heureux donne aux autres la preuve que le bonheur est possible. «(Albert Jacquard)
- «Ce qui pour la chenille est la fin du monde, est un papillon pour le sage.» (Richard Bach)

CONCLUSION

Rien n'est jamais acquis. La route qui mène à la liberté n'est pas semée que de roses. Vous aurez des efforts à faire, mais je vous assure que le résultat en vaut la peine.

Ne perdez jamais de vue que l'être humain, de par sa nature même, est perfectible. Travaillez sans relâche sur vos comportements négatifs. Cherchez toujours à trouver la cause d'un état de mal-être. Ce n'est qu'en trouvant la cause que vous arriverez à trouver le remède.

Dites-vous bien que *tous* les remèdes sont en vous. Il suffit que vous acceptiez d'être à l'écoute de vos besoins et de vos désirs, de vous assumer vous-même sans jamais rien attendre ni exiger de quiconque, de vivre enfin pour vous et non pas constamment pour les autres, de penser à vous comme à une personne unique et destinée à faire de bien grandes choses sur la terre, ne serait-ce qu'en arrivant à *être la personne que vous devez être.*

BIBLIOGRAPHIE

ANDERSON, Nancy. *Travailler avec passion*, Paris, Éditions du Roseau, 1991.

BOIRON, Christian. *La source du bonheur est dans notre cerveau*, Paris, Albin Michel, 1998.

BOURBEAU, Lise. *Qui es-tu?*, Montréal, Éditions E.T.C. inc., 1988.

CAMERON, Milton. *Comment vaincre ses sentiments de culpabilité*, Outremont, Éditions Quebecor, 1997.

CHABOT, Daniel. *La sagesse du plaisir*, Montréal, Éditions du Club Québec Loisirs inc., 1992.

DYER, Dr Wayne W. *Tirez vous-même les ficelles*, Boucherville, Éditions de Mortagne Poche, 1995.

FELDER, Leonard. *Un nouveau départ*, Montréal, Éditions Quebecor, 1989.

FORTIN, Louis N. *Les 33 leçons du bonheur*, Montréal, Promotions Mondiales, 1980.

HAINEAULT, Pierre. *Comment acquérir le sentiment de victoire*, Outremont, Éditions Quebecor, 1999.

HAINEAULT, Pierre. *Comment tirer profit des bouleversements de sa vie*, Outremont, Éditions Quebecor, 1997.

JOULE, Robert-Vincent et BEAUVOIS, Jean-Léon. *La soumission librement consentie*, Paris, Presses Universitaires de France, 1998.

LAFLEUR, Jacques. *Le burnout: questions et réponses*, Outremont, Les Éditions Logiques, 1999.

LYNCH, Dudley et KORDIS, Paul L. *La stratégie du dauphin*, Montréal, Éditions de l'Homme, 1994.

PEALE, Norman V. *Vivez pleinement votre vie*, Paris, Presses de la Cité, 1958.

PECK, Scott. *Le chemin le moins fréquenté*, Paris, Éditions Robert Laffont, S. A., 1987.

PROTO, Louis. *Cessez d'être manipulé*, Montréal, Éditions Quebecor, 1989.

ROBICHAUD, Léon. *Ce que je crois, je le deviens*, Montréal, Éditions Sciences et Culture, 1994.

TABLE DES MATIÈRES